Bernard Cohen / Luc Rosenzweig

DER WALDHEIM - KOMPLEX

Aus dem Französischen von
Jürgen Doll und Ruth Vogel

Mit einem Essay von Peter Handke
und einem Nachwort des
Republikanischen Clubs Neues Österreich

VERLAG FÜR GESELLSCHAFTSKRITIK

Originaltitel: Le mystère Waldheim, Paris 1986

Übersetzt von Jürgen Doll und Ruth Vogel

ISBN 3-900351-75-9

Umschlagentwurf: Andrea Zeitlhuber
Druck: rema print, Neulerchenfelder Straße 35, 1160 Wien
Verlag für Gesellschaftskritik, Kaiserstraße 91, 1070 Wien

DER WALDHEIM KOMPLEX

BERNHARD COHEN
LUC ROSENZWEIG

Aus dem Französischen von Jürgen Doll und Ruth Vogel

Mit einem Essay von Peter Handke
und einem Nachwort des
Republikanischen Clubs Neues Österreich

Verlag für Gesellschaftskritik

DANKSAGUNG

Im Frühjahr und Sommer 1986 entstanden, verdankt diese Untersuchung über das "Geheimnis um Waldheim" ihre Entstehung der Hilfe zahlreicher Personen, die uns wertvolle Hilfe geleistet haben: Frau Ruth Valentini vom *Nouvel Observateur* danken wir für die Überlassung der Dissertation Kurt Waldheims; Frau Hella Moritz und Herrn Eli Rosenbaum vom Jüdischen Weltkongreß in New York für den Zugang zur Dokumentensammlung des JWC; Herrn David Kahn, Wehrmachtshistoriker, dessen Ratschläge uns sehr geholfen haben, die Rolle Waldheims als Leutnant im Generalstab der Heeresgruppe E zu bestimmen.

Die Hinweise der Herren Alain Navarro, Journalist bei *Agence France Presse* in Jerusalem, und Denis Scribe, Korrespondent von *Libération* in Athen, haben unsere Aufgabe erleichtert. In Wien halfen uns mehrere österreichische Freunde, die Komplexität dieses alten Landes zu verstehen. Unser Dank gilt besonders Herrn Georg Hoffmann-Ostenhof, Redakteur der *Arbeiterzeitung*, und Michel Cullin, dem ehemaligen Direktor des Französischen Kulturinstituts in Wien.

Dank gilt auch den vielen anderen, die uns für Gespräche zur Verfügung gestanden sind, aber ungenannt bleiben wollen.

EINLEITUNG

Die Pflicht, sich zu erinnern

Hier wird nicht die Geschichte eines außergewöhnlichen Menschen, einer einzigartigen Persönlichkeit erzählt. Ganz im Gegenteil - es geht hier um einen Mann, den man als typischen Vertreter für Robert Musils Definition der österreichischen Nationalphilosophie, das "Fortwursteln", ansehen kann. Kurt Waldheim, der mit "alteuropäischer" Sorgfalt seine Karriere, die ihn bis zum Präsidentensessel der Wiener Hofburg führen sollte, geschickt vorantrieb, hätte mit seinem etwas steifen Gang eines musterhaften Beamten die Zeitläufe auch ohne Aufsehen überstehen können. Von seinen Anlagen her eignete er sich zum Diplomaten, allerdings war seine Sache nicht die große, gefahrenreiche, kunstvolle Diplomatie, sondern die mühselige diplomatische Kleinarbeit, die das Leben so manches Schreibtischmenschen ausfüllt.

Eigentlich hätte es nie dazu kommen sollen, daß Kurt Waldheim dauerhafte Aufmerksamkeit zuteil wird, nicht einmal wegen der zehn Jahre, die er an der Spitze der UNO verbrachte. Als er nämlich 1972 Generalsekretär der Vereinten Nationen wurde, hatten die Großmächte beschlossen, eine Person ohne Persönlichkeit mit diesem Posten zu betrauen, jemanden, der die Organisation der Nationen der Welt wie die Sektion eines Ministeriums leiten würde, der gleichzeitig kühl und wendig war und sich als geborener Opportunist den Anschein der Distanziertheit zu geben verstand. Nach seiner Rückkehr nach Österreich legte es Kurt Waldheim nicht darauf an, in das politische Tagesgeschehen einzugreifen und Bundeskanzler zu werden, niemand trat im übrigen mit einer solchen Bitte an ihn heran. Nein, dieser ehrsüchtige Mann brauchte ein Amt, auf dem noch der schwache Abglanz des allerdings schon leicht getrübten Glorienscheins der Österreichisch-Ungarischen Monarchie lag, und so kam es 1986 zur siegreichen Bewerbung um das Präsidentenamt. Der Skandal, der nun losbrach, war umso aufsehenerregender, als er einen pflichteifrigen, verträglichen und farblosen Diplomaten traf. Paradoxerweise war nämlich der Mann, der nun das höchste Amt im österreichischen Staat übernahm, eine ganz andere Person, als man vorher gedacht hatte.

Es besteht ein grundlegender Unterschied zwischen dem Waldheim des Wahljahres 1986 und jenem Mann, der in den vergangenen drei Jahrzehnten in der Öffentlichkeit bekannt war, vor allem in jenem Jahrzehnt, in dem er Generalsekretär der UNO war. Zwischen den beiden Erscheinungen Waldheims lag jene Kampagne, die parallel zur Wahlkampagne des österreichischen Präsidentschaftskandidaten verlief, und die der Jüdische Weltkongreß, die treibende Kraft bei den Nachforschungen über die NS-Vergangenheit Waldheims, von New York aus führte. Plötzlich wurde der ehemalige Sprecher der Nationen der Welt und das zukünftige Staatsoberhaupt der Lüge überführt, was umso schwerer ins Gewicht fiel, als Waldheim auf seinen Aussagen beharrte und offensichtlich gewordene Tatsachen hartnäckig leugnete.

Rückblickend läßt sich sagen, daß der Ausdruck Skandal unangemessen scheint. Die Entdeckung von Waldheims Vergangenheit erregte zwar Aufsehen und schlug Wellen in den Medien, aber sie vermochte doch das allgemeine Bewußtsein nicht zu erschüttern, wenn man von einigen Österreichern und ein paar leidenschaftlichen Verfechtern der historischen Wahrheit überall sonst in der Welt absieht. Allerdings sind sehr viele Fragen aufgetaucht, da durch das Zusammentreffen verschiedener aufschlußreicher Ereignisse, die wir hier zu analysieren versuchen, im Frühjahr 1986 eine vierzig Jahre alte Täuschung zutage trat - wie eine alte Aufnahme, die im Fotolabor in einem Fixierbad vergessen worden war.

Was hat dieser Mann wirklich getan? Und überhaupt: Wie hat Österreich den Triumph des Nationalsozialismus erlebt? Und wäre es denkbar, daß Kurt Waldheim nach dem Krieg Doppel- oder Dreifachagent war und sich unter die Schattengestalten mischte, die Wiens Vergangenheit nachtrauerten? Eine Frage gibt es jedoch, bei der Verdächtigungen, Hintergedanken und greifbares Unbehagen mitschwingen: Warum entdeckte man die Vergangenheit Waldheims ausgerechnet zu diesem Zeitpunkt, dessen Zufälligkeit unglaubwürdig scheint, warum erinnerte man sich gerade im Wahljahr 1986 daran, daß Kurt Waldheims Geschichte im Zweiten Weltkrieg nicht ganz so harmlos gewesen ist?

Wir werden diese Frage nicht beiseite lassen, aber es muß doch zunächst festgestellt werden, daß sie vielen als Alibi dient; man kann sich hinter ihr verschanzen, um allen politischen, historischen und moralischen Lehren auszuweichen, die im Fall Waldheim gezogen werden müßten. Sie hat auf ihre Weise zur Waldheim-Lüge beigetragen, denn die Überbetonung der Frage, warum man sich plötzlich für die Vergangenheit Waldheims in der Wehrmacht interessiert, macht es manchen leicht, nicht mehr den Gründen nachzugehen, warum das nicht schon früher geschehen ist. Es scheint, als sei es im ausgehenden 20. Jahrhundert suspekt geworden, sich noch zu erinnern; und will die Erinnerung vor dem Tribunal der Geschichte Zeugnis ablegen, so wird sie zuerst auf ihre Ehrbarkeit und Anständigkeit hin geprüft.

Die Affäre Waldheim kann auch als eine typische Wiener Geschichte gesehen werden, als ein Spiel von Erinnerung und Verwandlung. Otto Preminger, der Jude, aber auch Wiener war, hat den Hang, eine Biographie zu fälschen und das masochistische Vergnügen, sich durch den Wechsel der jeweiligen Erscheinung schließlich selbst zu verlieren, sein Leben lang in Bilder umgesetzt. Die Existenzen sind zersplittert und es fehlt ihnen - wie das auch bei Proust der Fall ist - der Bezug auf den "optischen Apparat" der Erinnerung, der es erlaubt, Kontinuitäten herzustellen und persönliche Erlebnisse zu erfassen, die gefährlich unschuldig wirken, wenn sie unehrlich dargestellt werden. Wie kann man denn auch einen Menschen zur Rechenschaft ziehen, wenn der Täter von gestern mit seiner Zeit von der Bildfläche verschwindet und es rückblickend so aussieht, als könne die damalige Zeit, die inzwischen durch Vergessen und Lüge verzerrt wurde, alles rechtfertigen?

Letztlich erschien Waldheim weniger verdächtig als jene, die ihn anklagten, denn er hatte in dem Ziel, Präsident zu werden, einen einsichtigen Beweggrund, nicht "alles" über seine Vergangenheit zu sagen. Und bei dem unerhörten Auftrieb des politischen Opportunismus, der in vielen Ländern zu bemerken ist, gilt ein übler Beweggrund mehr als gar keiner. Die Karriere Kurt Waldheims hätte nie die Blicke der Welt auf sich gezogen, wenn sie nicht schließlich, verschanzt hinter dem Kult der Effizienz, eine Frage aufgeworfen hätte, die so viele bewegt: "Wozu soll man sich denn überhaupt erinnern?"

Im Wiener Kunsthistorischen Museum werden die Silberlöffelchen der Kaiserin Maria Theresia pietätvoll aufbewahrt. Im Sommer 1986 verläßt ein Diplomat der österreichischen Botschaft in Bern diskret das Genfer Leichenschauhaus. Er trägt ein Paket unter dem Arm, das er unverzüglich auf dem Dienstweg in sein Heimatland schickt; es handelt sich um einen Formolbehälter mit dem Kopf des italienischen Anarchisten Luigi Lucheni, der am 10. September 1898 die Kaiserin Elisabeth von Österreich, genannt Sissi (wie auch die Gattin Waldheims genannt wird), erdolcht hat. Solch eine obskure Vergangenheitsfixiertheit stößt im allgemeinen auf keinerlei Widerspruch. Aber als manche es untragbar fanden, daß sich ein Mann, der zuvor manches Detail seiner Lebensgeschichte zwischen 1939 und 1945 verheimlicht hatte, um das Amt des österreichischen Präsidenten bewarb, wurden jene, die es aufdeckten, als Schwätzer abqualifiziert und beschuldigt, immer nur von den gleichen Geschichten anzufangen und von der Vergangenheit nicht loszukommen.

Der Gedächtnisschwund kann allerdings nicht Österreich allein angelastet werden, das versteht sich wohl von selbst. Die Polemik, die durch die gefälschte Biographie Kurt Waldheims ausgelöst wurde, bedeutet für Europa vielleicht die letzte Gelegenheit, sich losgelöst von den Leidenschaften der Zeit der Befreiung wieder kritisch mit jenem Zeitabschnitt auseinanderzusetzen, in dem die Werte des Abendlandes in Barbarei untergingen. Diese Gelegenheit läßt man, so scheint es, vorübergehen; zu einem geringen Teil aus Ignoranz, zu einem Großteil aus Scham und zumindest, was die Großen dieser Welt angeht, aus Feigheit. Bei ihren Forschungen über die Kollaboration von Franzosen mit dem NS-Regime haben Robert O. Paxton und Michael R. Marrus so manches aufgedeckt und angedeutet, daß dem französischen Nationalbewußtsein womöglich der Erstickungstod droht, wenn sich das Schweigen bis in seinen letzten Winkel ausbreitet.[1] Aber gegen dieses Schweigen anzukämpfen ist für die alten Nationen beunruhigender als die Flucht ins Vergessen oder auch die phantasiereiche "Neuformulierung" der Vergangenheit.

Im Lauf einiger Monate hat Europa viele Symptome eines galoppierenden Gedächtnisschwunds gezeigt, der dem unruhigen Schlummer nach einer zu schweren Mahlzeit gleicht. Während Klaus Barbie, der "Schlächter von Lyon", auf seinen Prozeß wartete, erinnerte man sich in Spanien, daß gewisse Nazis (wie der Belgier Léon Degrelle) immer noch in aller Öffentlichkeit herumlaufen, während ihr Gastgeber, das Franco-Regime, seit geraumer Zeit nicht mehr existiert. Zur gleichen Zeit planten die verantwortlichen Stellen in der DDR seelenruhig den Bau einer Autobahn in Ost-Berlin, der die Zerstörung des größten jüdischen Friedhofs in Europa zur Folge gehabt hätte. Der ehemalige britische Premierminister Harold MacMillan (der spätere Lord Stockton) ließ die Zeitschrift seiner eigenen Parteijugend, "New Agenda", in der er erneut beschuldigt wurde, während des Krieges vierzigtausend Kosaken und Weißrussen der stalinistischen Repression ausgeliefert zu haben, beschlagnahmen.

Nach den Lügen eines Roger Faurisson, der behauptet, es habe nie Gaskammern gegeben, wurde eine Dissertation, die die Existenz von Gaskammern bestreitet, von einer Prüfungskommission französischer Universitätsprofessoren angenommen, bevor der zuständige Minister die unsinnigen Theorien ihres Verfassers Henri Roques als ungültig erklärte. Der Karikaturist Konk brachte die gleiche Idee unauffällig in einer Sammlung von Satiren unter, die ohne die geringste Schwierigkeit veröffentlicht wurde. Eine medizinische Kapazität in der Bundesrepublik schlug vor, den Trägern des AIDS-Virus eine Nummer auf den Arm zu tätowieren, was erschreckend an jene erinnert, die einst die "rassische und ideologische Verseuchung" durch Juden und Homosexuelle bekämpft haben.

Ja, der Gedächtnisschwund greift immer mehr um sich, wahrscheinlich weil die Generationen, die vom Krieg verschont blieben, sich gegenüber der Geschichte unserer Zeit von einer allgemeinen Skepsis erfassen lassen, die allzusehr von tagespolitischen Absichten und Selbstrechtfertigung bestimmt ist. Wie soll ein junger Europäer Darstellungen Glauben schenken, die die einen belasten, nur um die anderen umso besser reinzuwaschen, und die den Gedanken aufkommen lassen, daß damals alle schlecht waren, weil es einfach nicht angebracht war, gut zu sein?

Der Bürgermeister einer französischen Kleinstadt, dessen Vergangenheit als Widerstandskämpfer allgemein bekannt ist, stellte sich gerade darauf ein, mit dem Orden der Ehrenlegion höchst feierlich ausgezeichnet zu werden, als seine politischen Gegner plötzlich lauthals verkündeten, er sei bei der Befreiung Frankreichs der skrupellose Handlanger von Kollaborateuren gewesen. Dies war im Juli 1986 das traurige Schicksal von Maurice Giboulet, dem obersten Stadtverordneten von Saint-Barthélémy im Départment Haute Savoie; seine ehemaligen Kampfgenossen hatten ihn denunziert. Als Marguerite Duras vor vielen Jahren in "Hiroshima mon amour" die Frage der Zweischneidigkeit der Gewalt aufwarf, waren die Erinnerungen noch lebendiger als heute, und das verhinderte, daß man sich von Ekel und Enttäuschung erfassen ließ. Aber die Zeit verging, und die Veränderungen, die sie mit sich brachte, kamen noch zu den vorsätzlichen Täuschungsmanövern all derer hinzu, die einst wußten und nun nichts mehr wissen wollen.

So könnte man zum Beispiel von dem ehemaligen Chef des französischen Nachrichtendienstes SDECE Alexandre de Marenches erzählen, der berichtet, eines Tages in den Kellern des SDECE auf einen Haufen mit zehn Tonnen Archivmaterial gestoßen zu sein: Es war "gebündelt, ungeordnet, durcheinander". Man erklärte ihm, daß es sich um Dokumente von Gestapo und Abwehr handle, die bei der Befreiung Frankreichs beschlagnahmt worden seien. Zuerst versuchte er, sie ordnen zu lassen, gab es dann aber auf: "Ich habe nach dem Zufallsprinzip einige Stichproben machen lassen. Das Ergebnis war unangenehm, ja peinlich. Man stieß auf Persönlichkeiten, die in der Öffentlichkeit bekannt waren und die Widerstandskämpfer oder gute Patrioten gewesen waren oder dies behaupteten. In Wirklichkeit waren sie von den deutschen Stellen bezahlt worden. Damals dachte ich, und dabei bleibe ich auch, daß eines der verhängnisvollsten französischen Laster die Uneinigkeit ist und daß wir - da diese Leute noch leben - nicht die Mistkübel durchwühlen und den Schlamm aufwirbeln sollten, um keine anderen Ausdrücke zu gebrauchen."[2] Reden ist Silber ...

Da der Westen sich die Fähigkeit angeeignet hat, sein Antlitz zu verhüllen, wenn es um seine eigene Vergangenheit geht, hat er natürlich dazu beigetragen, bei den Völkern, die nach dem Zweiten Weltkrieg von kolonialer Herrschaft befreit worden sind, Verwirrung zu stiften. Von sich aus verspüren sie keinerlei Bedürfnis nach einer kritischen Auseinandersetzung mit der Geschichte Europas, deren kritische Analyse von den Europäern selbst unterlassen wird. Der Großteil der arabischen Welt hatte geglaubt, daß der Kampf zwischen Achsenmächten und Alliierten das Ende der Vorherrschaft des Westens bedeuten und die alte ruhmreiche Zeit der großen islamischen Heldentaten wieder aufleben lassen würde. Für viele arabische Intellektuelle ging es nicht darum, Partei zu ergreifen für das Recht und gegen das Unrecht, sondern sich in Erwartung des endgültigen Zusammenbruchs mit dem Stärkeren zu verbünden. Die moralischen Werte, um die es beim Kampf gegen den Nationalsozialismus ging, waren ihnen kaum bewußt, und sie verloren sie auch bald aus den Augen, als neue Prüfungen - Folgen der Dekolonisierung, Nahostkriege - auf sie zukamen.

Folgendes Beispiel ist freilich extrem, aber doch sehr sprechend: Muammar el-Gaddafi erklärte eines Tages vor amerikanischen Journalisten, wie es gekommen sei, daß Ronald Reagan für den israelischen Geheimdienst Mossad arbeitete: "Er ist israelischer Agent geworden, weil er Mitglied der Gestapo gewesen war und seine Vergangenheit vertuschen wollte," behauptete der libysche Oberst in einer "Beweisführung", die an Skurrilität nicht zu überbieten ist.[3]

Heutzutage geht die spannungsgeladene Dynamik zwischen Opfer und Henker noch weiter als das anrüchige und skandalumwitterte unterschwellige Einverständnis einer Liliana Cavani mit der Ästhetik des NS-Staates. (Ihr Film, in dem Dirk Bogarde als Nazi und Charlotte Rampling als Folteropfer gezeigt werden, hatte seinerzeit Anstoß erregt.) Sie läuft auf eine vollkommene Umkehr der Rollen hinaus, auf einen Weg in der Geschichte, der von allen nur mit verdecktem

Antlitz betreten wird. So erhielt Kurt Waldheim nach seinem Amtsantritt als Präsident Österreichs eine Unmenge Glückwunschadressen und herzliche Einladungsschreiben von Oberst Gaddafi, den Würdenträgern aus dem Iran Khomeinys und dem syrischen Staatschef Hafez el Assad. Wo ist er nicht überall zu finden, dieser Pseudo-Antikolonialismus, den politische Führer ohne rechte Popularität einsetzen, damit man vergißt, daß sie vor ihren Völkern nie Rechenschaft über ihre unumschränkte Alleinherrschaft abgelegt haben!

Während es so aussieht, als werde ein Kampf ohnegleichen zwischen einer "alten Welt" im Westen und einer Dritten Welt, die radikal ist bis zur Selbstaufgabe, das Ende dieses Jahrhunderts bestimmen, wäre es zu leicht, nur die großen Sprüche der arabischen Sympathisanten Kurt Waldheims aufs Korn zu nehmen. Alle westlichen Staaten - Israel, das sich bewußt zu dieser Gruppe zählt, nicht ausgenommen - haben ein zumindest suspektes Verständnis für den Mann gezeigt, dessen Karriere im Dritten Reich wir hier versuchen wollen nachzuzeichnen. Man kann noch verstehen, daß keiner dieser Staaten den rein juristischen Aspekt dieser Affäre wieder aufrollen wollte - formal gesehen läuft gegen Kurt Waldheim immer noch ein 1947 von Jugoslawien gestellter Auslieferungsantrag wegen Kriegsverbrechen -, die Verjährung wurde bei den Großen dieser Welt immer sehr großzügig gehandhabt. Aber keine Demokratie, so sehr sie auch überzeugt davon war, daß in ihren Institutionen alles offengelegt werden sollte, hat es gewagt zu kritisieren, daß ein Kandidat, der in allgemeinen Wahlen gewählt worden ist, noch einige Tage vor seinem Wahlsieg eine eindeutig gefälschte Biographie vorgelegt hat.

Man führte die Rücksicht auf die Souveränität Österreichs an, um das peinliche Schweigen zu rechtfertigen; aber verdient die Souveränität des demokratischen Bewußtseins nicht ebensoviel Rücksicht? Nach jeder Flugzeugentführung und jedem Attentat stellen die Kommentatoren der Zeitungen in Paris, London oder New York entrüstet fest, daß die Regeln des Zusammenlebens, für die sich eine große Mehrheit entschieden hat, von einer Handvoll Untergrundkämpfer mit den Füßen getreten und mit Blut besudelt wird. Wem können die Demokratien denn noch Lektionen erteilen, wenn sie selber nicht mehr an ihre grundlegendsten Prinzipien glauben?

Die Österreicher haben aus einer rein nationalistischen Reaktion heraus für Waldheim gestimmt (und nebenbei auch, um den regierenden Sozialisten einen Denkzettel zu verpassen.) "Wir Österreicher wählen, wen *wir* wollen", haben Kurt Waldheims Wahlplakate verkündet. Damit reihte man sich in die alte politische Tradition der Selbstproklamation ein, die gelinde gesagt kaum je zur Entfaltung der

Demokratie beigetragen hat. Diese Tradition ist alt, uralt sogar. Vor ungefähr achtzig Jahren hat z.B. ein spanischer Demagoge, Antonio Maura, seine ganze Wahlkampagne unter folgendes Motto gestellt: "Nosotros somos nosotros", "Wir sind wir selbst". Der Gott des alten Testaments kann mit solchen Worten von sich künden, nicht aber ein Berufspolitiker. Kurt Waldheim hat sich solches in dem Bewußtsein geleistet, unter dem Schutz eines zweifachen Schweigens zu stehen - des Schweigens über die jüngere Vergangenheit, in das sich Österreich und auch die Staaten der westlichen Welt hüllen. Wenn es ein Geheimnis um Waldheim gibt, dann liegt es zunächst in dieser internationalen Verschwörung des Schweigens.

Für einen gewissenhaften Historiker ist es keine zu schwierige Aufgabe, Schritt für Schritt den Weg eines großen NS-Kriegsverbrechers nachzuzeichnen. Will man aber Woche für Woche die Spur eines deutschen Nachrichtenoffiziers im Malstrom des Balkans verfolgen, so braucht man eine ganz andere Energie und sogar einen anderen Zugang zur zeitgenössischen Geschichte. Es geht hier nämlich nicht mehr darum, wie zu oft in der Nachkriegszeit, einige Unmenschen herauszugreifen, um so das NS-Trauma vermeintlich zu bewältigen, sondern es geht darum, vierzig Jahre später zu verstehen, wie irgendwelche Bürger durch eifrige Erfüllung ihrer Dienstpflichten und eine unzureichend entwickelte Kritikfähigkeit das Funktionieren der NS-Maschine ermöglicht haben.

Wenn man abstreitet, daß Kurt Waldheim in dieser schicksalsschweren Zeit auch einen anderen Weg hätte gehen können - Ronald Reagan hat nicht gezögert, solch eine Ansicht zu vertreten ("wie Tausende deutscher Soldaten hat er seine Pflicht getan", erklärte der US-Präsident der Tageszeitung *USA Today*) -, so bedeutet das letzten Endes, daß man jegliche Entscheidungsfreiheit negiert und den zutiefst bedeutsamen Augenblick, in dem sich im erniedrigten Menschen das Freiheitsbedürfnis Bahn bricht, ins Lächerliche zieht. In der Vergangenheit hätte man die Freiheit haben müssen, die Barbarei abzulehnen; heute könnte man sich wenigstens die Freiheit nehmen, wissen zu wollen, was damals geschah.

1

Die Anfänge eines Opportunisten

Der Mann ohne Eigenschaften
besteht aus Eigenschaften ohne Mann

Robert Musil

Von dem niederösterreichischen Städtchen Tulln ist es nicht weit bis nach Wien, der Stadt Schnitzlers und Freuds - kaum vierzig Kilometer. Die Straße führt bis Klosterneuburg an der Donau entlang und schlängelt sich dann durch Weinberge und Obstgärten einer Hügellandschaft, die am Wochenende die Ausflügler aus Wien anlockt. Einst war dies das letzte Stück einer Straße, die zwei Städte der Donaumonarchie, Prag und Wien, miteinander verband. Vielleicht haben die Vorfahren Kurt Waldheims, Bauern, die aus Mähren kamen und nach Wohlstand strebten, aus Scheu vor der Hauptstadt in dieser Gegend haltgemacht, was sich letztlich als gar keine schlechte Idee erweisen sollte. Für Leute wie die Watzlawicks, die als Bauern Erfahrung hatten und sich auskannten, gab es hier Möglichkeiten. Viel verband diese Zugewanderten auch mit den einheimischen Weinbauern: die Art von Katholizismus, wie man sie auf dem Lande antreffen kann und bei der sich Frömmigkeit und Kitsch mit einem eingefleischten Aberglauben vermengen, auch das stolze Bewußtsein, treue Untertanen des Kaisers Franz-Joseph zu sein.

Als die Watzlawicks Mähren verließen, um sich im deutschsprachigen Teil des Habsburgerreiches niederzulassen, wählten sie den gleichen Weg wie Millionen anderer Mitglieder des Vielvölkerstaates Österreich-Ungarn. Viele entschieden sich für die Assimilation, die Aufgabe der ursprünglichen Volkszugehörigkeit als Tschechen, Ungarn oder Juden, damit die Integration möglich wurde in einer Gesellschaft, zu der die "Eintrittskarte" entweder der Taufschein oder, wenn sich dieser erübrigte, das Verwischen jeglicher Spur slawischer Abstammung war. Daher spricht Kurt Waldheim heutzutage nicht allzu gern von den Watzlawicks, deren Nachkomme er ist.

Alle seine Biographen haben sich gewundert, wie wenig ihm daran gelegen ist, auf Einzelheiten aus seiner Jugend oder seiner Familiengeschichte einzugehen. Früher, bevor er in den Mittelpunkt des Tagesgeschehens gerückt war und die Journalisten begonnen hatten, in allen Bereichen seines Lebens herumzustöbern, schob man seine Scheu, etwas von sich preiszugeben, auf die natürliche Zurückhaltung eines Mannes, der wenig aus sich herausgeht und auf den im Lauf der Zeit zusätzlich die diplomatischen Gepflogenheiten abgefärbt haben. Die Geschichte der Familie Watzlawick-Waldheim ist jedoch nicht uninteressant. Man könnte sie sogar als Beispiel dafür anführen, wie Menschen damals diese Zeit erlebten, in der es schwer war, nicht den Lockungen der Dekadenz oder der Verzweiflung zu verfallen - davor bewahrten nur die Fähigkeit und der Wille zu überleben, der Zusammenhalt der Familie und ein unbändiger Wille zum Erfolg.

Der Großvater Kurt Waldheims war Schmied. Sein Sohn Walter wurde kurz vor dem ersten Weltkrieg Volksschullehrer. Die Familie hieß damals noch immer Watzlawick. Kurz vor der Geburt Kurts, am 21. Dezember 1918, beschloß Walter Watzlawick, die letzten noch bestehenden Bande zur neu entstandenen Tschechoslowakei zu lösen und seinen Namen aufzugeben. Sein Sohn erzählte 1986 während der Wahlkampagne, was damals für den Vater den Ausschlag gegeben hatte, sich ganz und gar "eindeutschen" zu lassen: "Weil er als hochdekorierter Frontoffizier während des Ersten Weltkrieges in einem Feldlazarett von einem tschechischen Arzt nicht behandelt wurde, weil er nicht tschechisch sprach und der Arzt annahm, er verleugne seine Herkunft."

Die Watzlawicks werden Deutsch-Österreicher

Sicherlich entspricht diese Anekdote der Wahrheit: Die Auflösung der kaiserlichen Armee bei Kriegsende hatte Spannungen zur Folge gehabt. Nach jahrhundertelanger politischer und kultureller Unterdrückung war nun für die befreiten Nationen die Zeit der Vergeltung gekommen. Aber Kurt Waldheim erzählt wie üblich nur jene Version des Ereignisses, die in das idyllische Bild hineinpaßt, das er von seinem eigenen Lebensweg und seinem familiären Hintergrund geben möchte. Bevor er übrigens direkt mit seiner tatsächlichen Herkunft - der er sich durchaus nicht zu schämen bräuchte - konfrontiert wurde, gab er bei vornehmen Geselligkeiten und Botschaftsempfängen vor, er entstamme einer Familie des österreichischen Großbürgertums, die auch gewisse Verbindungen zur Aristokratie habe.

Für Walter Watzlawick ging es nach dem Krieg darum, seine Familie durchzubringen. Als langjähriger Anhänger der Christlichsozialen Partei befolgte er den Rat seines Freundes Alois Reiter, des späteren Landeshauptmannes von Niederösterreich: "Mit dem behmischen Namen wirst ka Karriere machen!" Walter ließ sich das nicht zweimal sagen. Er unternahm beim Standesamtsregister, das damals von der Kirche geführt wurde, die notwendigen Schritte zur Namensänderung. Der neugewählte Name Waldheim ist es wert, daß wir kurz auf ihn eingehen.

Die beiden Wörter Wald und Heim, die an sich schon eine ganze Weltanschauung bedeuten, sind zwei Grundfesten des deutschen Wesens, die die Herzen deutscher Menschen höher schlagen lassen. Für den Franzosen bedeutet der Wald eine geheimnisvolle und feindliche Welt, an deren Stelle er lieber anheimelnde Kornfelder sähe. Nicht so der Deutsche - der Wald bedeutet für ihn Traum, Dichtung, Zuflucht gegen Angriff und Gefahr. Schrecken durchzieht die deutschen Lande, wenn sein Ende droht. In der BRD und in Österreich ist aufgrund des Einsatzes der Umweltschützer das Waldsterben zu einem der ganz wichtigen Themen in der öffentlichen Diskussion geworden. Das Wörtchen "heim" mit seinen verschiedenen Bedeutungen zeigt die andere Seite der deutschen Gefühlswelt. Man denkt dabei an die Mutter, die dem Kind zuruft, es solle heimkommen, an die Häuser im Dorf, an deren Fenstern die Geranien blühen... Ahnte Walter Watzlawick-Waldheim damals, daß sich eines seiner Kinder um das Amt des Bundespräsidenten bewerben würde? Das wohl kaum, aber keiner Werbeagentur wäre es gelungen, einen passenderen Namen zu finden! Schon der Name allein kommt einem ganzen Wahlprogramm gleich.

Bundeskanzler Bruno Kreisky mußte seine ganze politische Begabung in die Waagschale werfen, um die üblen Angriffe seiner Gegner aus der ÖVP wegen seiner jüdischen Herkunft abzuwehren. Diese Partei, die Waldheim bei seiner Kandidatur am meisten unterstützen sollte, stellte 1970 gegen den aufsteigenden Bruno Kreisky den Ex-Kanzler Josef Klaus auf, und zwar mit dem Slogan: "Ein echter Österreicher!" Das bedeutete implizit: Sein Gegenkandidat, der nie ein Hehl aus seiner jüdischen Herkunft gemacht hatte, könne sich nicht zugute halten, ein echter Österreicher zu sein. "Und diese Art Unterstellung war damals noch das Harmloseste. Bei dieser Wahlkampagne war ich seitens einiger ÖVP-Abgeordneter noch sehr viel direkteren antisemitischen Angriffen ausgesetzt", stellte der Alt-Bundeskanzler sechzehn Jahre später fest.

Walter Watzlawick war jedenfalls nach dem Krieg ein Österreicher mit "echtem" Namen geworden, in einem Land, das sich zur Unterscheidung von jenen Teilen der Monarchie, die sich ihre Unabhängigkeit und nationale Identität erkämpft hatten, wie die Tschechoslowakei, Ungarn oder Jugoslawien, als "Deutschösterreich" bezeichnete. Die neue Namensgebung wirkte sich durchaus nicht nachteilig auf die Laufbahn des jungen Volksschullehrers aus. Bald wurde er Direktor und 1928 - Kurt wurde in diesem Jahr zehn - Bezirksschulinspektor des Bezirks Tulln, was in Frankreich einem "Inspecteur départemental" entsprechen würde. Aber hier hört der Vergleich mit Frankreich auch schon auf. Walter Waldheim war weit davon entfernt, eine österreichische Ausgabe jener "schwarzen Husare der Republik" zu sein, die damals aus der französischen Volksschule einen Hort des Freidenkertums machten, das Ideal des Laizismus verfochten und den Antiklerikalismus auf ihr Papier schrieben. Nein, die Familie Waldheim war in ideologischer Hinsicht auf Wien eingestellt, allerdings war ihr Bezugspunkt nicht das kosmopolitische Wien, wo politische, geistige und künstlerische Bewegungen, deren Einfluß heute noch präsent ist, ihren Anfang nahmen und sich entfalteten: So beschritt der Austromarxismus Viktor Adlers und Otto Bauers einen neuen Weg zwischen Bolschewismus und Sozialdemokratie, und Sigmund Freud erfand in der Berggasse die Psychoanalyse. Sobald diese Namen fielen, bekreuzigte man sich in Tulln.

Der Prälat ohne Milde

All denen, die Gefahr liefen, diesen gottlosen Verführern zu erliegen, konnten zwei hohe kirchliche Würdenträger aus der Hauptstadt den rechten Weg weisen, der Wiener Erzbischof Kardinal Friedrich Gustav Piffl und der Prälat Ignaz Seipel - er war Vorsitzender der Christlichsozialen Partei. Die Erste Republik wurde von der starken Persönlichkeit dieser zwei Geistlichen geprägt. Piffl trug dazu bei, daß die Katholiken die Republik und die neue Regierung akzeptierten. Viele österreichische Katholiken standen der Republik zunächst im großen und ganzen mißtrauisch gegenüber, als zum ersten Mal in der Geschichte Österreichs ein Sozialdemokrat, Karl Renner, der eine Koalitionsregierung mit der Christlichsozialen Partei leitete, ans Ruder kam. Prälat Ignaz Seipel war Sozialminister der letzten kaiserlichen Regierung gewesen. Er und Kardinal Piffl hatten großen Anteil daran gehabt, die Abdankung des Kaisers durchzusetzen. Vier Jahre später wurde Ignaz Seipel österreichischer Bundeskanzler. Für die Tullner, zum Großteil Bauern und kleine Angestellte, bedeutete der

Wiener Amtssitz des Erzbischofs ein Bollwerk gegen das Rote Wien, dessen Vorstädte fast bis an ihre grünen Wiesen heranreichten.

Kurt Waldheim hat sich immer als "parteilos" bezeichnet. Nie jedoch hat er seine Zugehörigkeit zum Lager der Katholisch-konservativen geleugnet, deren organisierter Sektor in der Zweiten Republik den Großteil der ÖVP-Mitglieder stellt. So setzten sich ab 1945 hochstehende Persönlichkeiten dieses Lagers für Waldheims Karriere ein: Seinen Eintritt ins Außenministerium verdankte Waldheim Karl Gruber, einem ehemaligen Tiroler Widerstandskämpfer, der 1945 zu den Gründern der Volkspartei gehörte. Gruber, ebenso wie sein Mitarbeiter Fritz Molden, versuchte der Partei eine Orientierung zu geben, die weniger traditionsbestimmt war als ihre Vorläuferin, die Christlichsoziale Partei, die unter Führung von Engelbert Dollfuß und Kurt von Schuschnigg die Hauptverantwortung an der Errichtung des sogenannten "österreichischen Ständestaates" trug, der auch als "Austrofaschismus" bezeichnet werden kann.

Kurt Waldheim bezieht sich oft ausdrücklich auf den Katholizismus, bleibt dabei aber sehr vage. Aus seinen Reden und Ansprachen "für das Volk" läßt sich eine Art "katholisches Minimalprogramm" edler Grundsätze herauslesen: Vorrangstellung der Familie, Verherrlichung der Arbeit und Lob der Opferbereitschaft. In der letzten Phase seiner Kampagne für die Präsidentschaftswahlen tauchte noch ein zusätzlicher Aspekt seines Christentums auf: die Vergebung der Sünden, die wohl vor allem für ihn und seine Vergangenheit gelten sollte.

Da Kurt Waldheim theoretische Studien nie sehr lagen und er auch nie ein bestimmtes Leitbild oder einen geistigen Führer aus dem breiten Spektrum der modernen oder frühen christlichen Denker erwähnt hat, da er sich auch sein ganzes Leben lang den jeweils herrschenden Strömungen der Kirche in Österreich und der ganzen Welt angepaßt hat, ist es notwendig, die Einflüsse während seiner Schul- und Studienjahre genau unter die Lupe zu nehmen, um seinen Werdegang zu verstehen.

Durch die Auswechslung ihres Namens hatte die Familie Waldheim ihre Zugehörigkeit zur deutschnationalen Strömung bewiesen, die nach dem Ersten Weltkrieg einen großen Teil der Bevölkerung erfaßt hatte. Selbst die Sozialdemokratische Partei war nicht völlig frei von diesem Pangermanismus; viele ihrer Mitglieder und Funktionäre waren schon 1918, jedoch unter der Perspektive einer sozialdemokratischen Republik aller Deutschen, für die Angliederung Österreichs an das Deutsche Reich. 1928 war Walter Waldheim, Kurts Vater, Bezirksschulinspektor in Tulln und gehörte somit zu den dortigen Honoratioren. Durch seine berufliche Tätigkeit machte er mit der politischen Elite des Bezirks, die vollkommen von der Christlichsozialen Partei beherrscht wurde, Bekanntschaft. Diese Partei war - nicht zuletzt über ihren Kanzler Prälat Seipel - aufs engste mit dem erzbischöflichen Ordinariat verknüpft.

Am 15. Juli 1927 ließ Kanzler Seipel auf sozialdemokratische Demonstranten schießen, es gab 89 Tote in Wien, der Kardinal äußerte zwar einige Worte des Mitgefühls für die Opfer, aber er distanzierte sich nicht von dem Kanzler im Priesterrock, der im Parlament erklärte:

"Verlangen Sie nichts vom Parlament und von der Regierung, das den Opfern und den Schuldigen an den Unglückstagen gegenüber milde scheint (...) Es liegt uns nichts ferner, als hart sein zu wollen, aber fest wollen wir sein! Fest sein heißt ebensowenig hart sein, als milde sein, schwach sein heißen muß. Aber es muß für beides Tag und Stunde richtig gewählt sein."

Ungefähr 25 000 österreichische Katholiken traten daraufhin aus der Kirche aus, um gegen diese Haltung des "Blutprälaten", des "Prälaten ohne Milde" zu protestieren.

In Tulln ist man trotz der Nähe der Hauptstadt sehr weit von diesen Unruhen entfernt. Man sieht die Dinge sehr viel einfacher. Wo der Trennungsstrich zwischen Gut und Böse verläuft, darüber besteht hier kein Zweifel: Auf der einen Seite stehen "die gottlosen Roten", auf der anderen die ordentlichen und anständigen Österreicher, die jeden Sonntag in die Kirche gehen. Die Familie Waldheim gehört zur zweiten Gruppe. Man ist Kanzler Seipel allgemein dankbar, daß er das Land aus dem Abgrund der Inflation herausgeführt hat, in den es nach dem Krieg hineingetaumelt war, wenn er sich dazu auch einschneidender wirtschaftspolitischer Maßnahmen bediente wie der Entlassung eines Drittels der Beamtenschaft. Walter Waldheim wurde davon verschont, da er drei Kinder (Kurt, Walter und Gerlinde) vorzuzeigen hatte und mit Politikern der Regierungspartei wie dem niederösterreichischen Landeshauptmann Reiter befreundet war. Alles läßt also darauf schließen, daß die ideologische Tonlage im Hause Waldheim vor allem durch den Erzbischof und den Kanzler im Priesterrock bestimmt wurde, deren Botschaften durch die Predigten des Pfarrers Sonntag für Sonntag an die Tullner Bevölkerung übermittelt wurden.

Ideen, die einen Menschen prägen

Drei Dinge können als charakteristisch für die Haltung vieler Katholiken in Österreich während der Ersten Republik angesehen werden: Mißtrauen gegenüber der Demokratie, deutschnationale und antisozialistische Einstellung und Antisemitismus. Weite Kreise der katholischen Öffentlichkeit standen der neuen Regierung genauso feindselig gegenüber wie die "Action Française" der parlamentarischen Demokratie, die sie als "gueuse" (Bettelweib) und "democrassouille", eine Wortschöpfung aus "democratie", "crasse" (Schmutz) und "souiller" (beschmutzen), bezeichnete. Obwohl Kardinal Piffl sich immer davor gehütet hatte, legitimistische Minderheiten in der Christlichsozialen Partei zu unterstützen, konnte er diese Strömung doch nicht ignorieren. Während die demokratischen Werte weiterhin von der Sozialdemokratischen Partei hochgehalten wurden, mußte der Kardinal sowohl gegen die "Roten" als auch gegen jene Gruppen im eigenen Lager agieren, die ihm den Vorwurf machten, "den Thron um ein billiges Linsengericht verkauft zu haben". Die Folge war ein "autoritäres" Verständnis der Republik, das unter der Doppelherrschaft von Kanzler Engelbert Dollfuß und Kardinal Theodor Innitzer, den Nachfolgern Seipels und Piffls, auf die Spitze getrieben werden sollte. Für die Kirche, die sich nur unter dem Druck der Ereignisse für die Republik entschieden hatte und nie die Verteidigung des parlamentarischen Systems und der bürgerlichen Freiheiten zu einem ihrer Grundsätze erhoben hatte, war es nur natürlich, daß sie 1934 den Übergang zum "Christlichen Ständestaat" mitmachte und 1938 den Anschluß an das Deutsche Reich akzeptierte. Hatte Kardinal Piffl nicht erklärt, es sei unbedingte Pflicht der Christen, dem Vaterland - unabhängig von der jeweiligen Staatsform - zu dienen? Zumindest kann man sagen, daß die katholische Hierarchie in diesen unruhigen Jahren nichts dazu getan hat, um in der Bevölkerung, auf die sie vor allem im ländlichen Bereich großen Einfluß hatte, den Geist des Widerstands gegen die Errichtung einer Diktatur zu mobilisieren. Wie sollte man sich da noch wundern, daß Generationen, die in der alten Ordnung jenes Kakaniens, das Robert Musil im "Mann ohne Eigenschaften" so treffend beschrieben hat, aufgewachsen waren, dem Schicksal der bedrohten Republik gleichgültig gegenüberstanden? Und warum sollte man über den Erfolg jener erstaunt sein, die begannen, die Propagandatrommel für eine neue Ordnung zu rühren, von der man zuerst aus dem Hinterzimmer eines Münchner Bräukellers gehört hatte?

Die österreichische Kirche hatte zunächst, da es keine andere Lösung gab, die Verträge von Versailles und St. Germain akzeptiert, die aus dem deutschsprachigen Teil des Habsburgerreichs eine kleine Alpenrepublik mit der Hauptstadt Wien als "Wasserkopf" machte (fast ein Drittel der Gesamtbevölkerung lebte hier), und später den Einmarsch Hitlers und die Umwandlung Österreichs in die "Ostmark" des Dritten Reichs ohne Protest hingenommen. Das erklärt sich aus mehreren Gründen: Eine erhebliche Rolle spielte dabei das alte Mißtrauen der Österreicher gegenüber einem Deutschland, das von Preußen beherrscht wurde, dazu noch mehrheitlich lutherisch war und dessen Hochmut in Wien (wie auch in Bayern) Mißfallen erregte. Die ehemaligen Untertanen der Habsburger und der Hohenzollern, die bei Bedrohungen aus Ost und West bereit waren, sich zur Abwehr eines äußeren Feindes zusammenzuschließen, verfielen wieder in gegenseitiges Mißtrauen und alte Zwistigkeiten, sobald eine aktuelle Gefahr gebannt schien. In einem großdeutschen Reich hätte die katholische Kirche Österreichs nie so viel Macht besessen wie im kleinen "Restösterreich" der Ersten Republik. Die Zeitumstände brachten es zudem mit sich, daß die politischen Unruhen in Deutschland nach der Niederlage von 1918 die österreichischen Konservativen in Angst und Schrecken versetzten. Die Revolution der bayrischen Arbeiter- und Soldatenräte, unweit der österreichischen Grenze, hatte 1920 manchem braven Bürger kalte Schauer über den Rücken gejagt. Der Kampf gegen "die Roten" wurde nun zum vorrangigen Ziel der Christlichsozialen Partei und der Kirche. Nichts fürchtete man mehr als einen Zusammenschluß der Austromarxisten mit ihren Genossen von der deutschen Sozialdemokratie. Es fiel dabei kaum ins Gewicht, daß es die Sozialdemokraten Friedrich Ebert und Gustav Noske gewesen waren, die den Berliner Spartakistenaufstand von 1919 blutig niedergeschlagen hatten - "der Sozialismus" blieb in allen seinen Spielarten das Schreckgespenst für die österreichischen Konservativen und für die Mehrzahl der Katholiken:

"Der Sozialismus ist der moderne Antichrist; ihn zu bekämpfen ist Gewissenspflicht jedes Katholiken", schrieb 1919 der Theologieprofessor Franz Zach. "Warum? - Weil die Sozialdemokraten nicht an Gott und Jesus Christus glauben; weil sie den Katholiken die Kirchen wegnehmen und daraus Kinos machen wollen; weil sie die Bauern mit der Peitsche aus dem ‚heiligen Erbe' ihrer Väter vertreiben wollen; weil sie den Eltern ihre Kinder entreißen und die christliche Familie auflösen wollen; weil sie als sexuelle Wüstlinge das Prinzip der ‚freien Liebe' vertreten - eine Moral, die für Zuhälter und Dirnen paßt."

Dieser unmißverständliche Aufruf zum "heiligen Krieg" gegen die Sozialisten beschränkte sich im damaligen österreichischen Kontext nicht bloß auf einen ideologischen Kampf; mehrfach gab es blutige

Zusammenstöße zwischen der Heimwehr auf der einen und dem Schutzbund, der paramilitärischen Organisation der Sozialdemokraten, auf der anderen Seite. Ab 1932 führte der christlichsoziale Politiker Engelbert Dollfuß die Politik Seipels fort und verstärkte ihre antiparlamentarischen Züge. An die Stelle von Kardinal Piffl trat Theodor Innitzer, Dekan der Theologischen Fakultät der Universität Wien.

Der Aufstieg des Nationalsozialismus in Österreich

Die stetig wachsenden Spannungen zwischen den beiden politischen Lagern führten zunächst zu einer Schritt für Schritt vollzogenen Entdemokratisierung (Ausschaltung aller parlamentarischen und demokratischen Institutionen, Errichtung der Diktatur, Verbot der Kommunistischen Partei und des Republikanischen Schutzbundes, aber auch Verbot der konkurrierenden NSDAP) und erreichten in der Erhebung sozialdemokratischer Gruppen am 12. Februar 1934 und ihrer blutigen Niederschlagung durch Bundesheer, Heimwehr und Polizei einen dramatischen Höhepunkt. Außerhalb der Landesgrenzen Österreichs unterwarf sich Deutschland gerade voll und ganz dem Nationalsozialismus und seinem Führer Adolf Hitler. Die österreichische Kirche, vertreten durch Kardinal Innitzer und seine Amtsbrüder in den Diözesen, erteilte dem "Austrofaschismus" ihren Segen. Ein Dokument des österreichischen Episkopats von 1933 bezeugt diese Parteinahme: "... hat doch der Herr Bundeskanzler mehr als einmal und in vollster Offenheit seine Absicht kundgegeben, einen berufsständischen Ständestaat auf christlicher Grundlage und im Sinne der Enzyklika ‚Quadragesimo anno'[4] aufzubauen. Für dieses offene Bekenntnis der Regierung zur christlichen Staats- und Gesellschaftsidee und für die enge Fühlungnahme der Regierung mit der Kirche bzw. dem Episkopat spricht darum letzterer auch an dieser Stelle seine dankbarste und freudigste Anerkennung aus."

Demnach stellte sich ein katholischer Christ, der dem "Austrofaschismus" und seinen Institutionen feindlich gegenüberstand, de facto außerhalb der Kirche. Diese Kirche, die ein Regime "freudigst" anerkannte, das mehr dem italienischen Faschismus glich als dem Nationalsozialismus, erklärte sich ohne Gewissenskonflikte mit der Ausschaltung der Demokratie einverstanden. Andererseits bezog sie Stellung gegen die österreichischen Nationalsozialisten. Diese machten schon Anfang der 30er Jahre einen erheblichen Teil des politischen Spektrums in Österreich aus. Bei den Landtagswahlen von 1932 erhielten sie in Wien 17 Prozent, in Salzburg 29 Prozent und in Niederösterreich, wo die Familie Waldheim lebte, 14 Prozent der Stimmen. Einflußreiche katholische Kreise versuchten daher, sich mit dem erstarkenden Nationalsozialismus zu arrangieren; dessen Verbot vermochte den politischen Eifer seiner Anhänger kaum zu dämpfen. Nach der Ermordung von Bundeskanzler Dollfuß durch eine Gruppe illegaler österreichischer Nationalsozialisten am 25. Juli 1934 vergrößerte sich die Kluft zwischen jenen Katholiken, die entschiedene Nazigegner waren, und jenen, die sich mit den österreichischen Nationalsozialisten verbünden wollten. Letztere erhielten regen Zulauf aus akademischen und intellektuellen Kreisen. Zeitungen wie "Schönere Zukunft" bereiteten auch unter Katholiken die begeisterte Zustimmung zum Anschluß Österreichs an das Deutsche Reich vor. Obwohl der prominente katholisch-konservative Außenseiter Ernst Karl Winter - als Vizebürgermeister von Wien zur Beruhigung der ihrer politischen Vertretung beraubten Arbeiterschaft eingesetzt - etwas konfuse Bemühungen unternahm, jenseits aller alten politischen Lager eine Front gegen den Nationalsozialismus zu bilden, schien den österreichischen Katholiken ein Arrangement mit Hitler auf die Dauer unvermeidlich. Auf der anderen Seite mußten nun auch die Nationalsozialisten darangehen, nachdem sie die protestantische Minderheit im Land bereits für sich gewonnen hatten, einen Teil der katholischen Mehrheit auf ihre Seite zu bringen, um auf diese Weise die Annexion Österreichs "von innen" vorzubereiten. Der Höhepunkt dieser Arrangierung von katholischer Kirche und NSDAP war die feierliche Erklärung der österreichischen Bischöfe, die am 18. März, eine Woche nach dem Einzug der deutschen Truppen, verfaßt wurde:

Feierliche Erklärung!

Aus innerster Überzeugung und mit freiem Willen erklären wir unterzeichneten Bischöfe der österreichischen Kirchenprovinz anlässlich der grossen geschichtlichen Geschehnisse in Deutsch-Österreich:

Wir erkennen freudig an, dass die nationalsozialistische Bewegung auf dem Gebiet des völkischen und wirtschaftlichen Aufbaues sowie der Sozial-Politik für das Deutsche Reich und Volk und namentlich für die ärmsten Schichten des Volkes Hervorragendes geleistet hat und leistet. Wir sind auch der Überzeugung, dass durch das Wirken der nationalsozialistischen Bewegung die Gefahr des alles zerstörenden gottlosen Bolschewismus abgewehrt wurde.

Die Bischöfe begleiten dieses Wirken für die Zukunft mit ihren besten Segenswünschen und werden auch die Gläubigen in diesem Sinne ermahnen.

Am Tage der Volksabstimmung ist es für uns Bischöfe selbstverständlich nationale Pflicht, uns als Deutsche zum Deutschen Reich zu bekennen, und wir erwarten auch von allen gläubigen Christen, dass sie wissen, was sie ihrem Volke schuldig sind.

Wien, am 18. März 1938.

Der Antisemitismus hat Tradition

Das Österreich der Zwischenkriegszeit war sicherlich das Land mit der breitesten Skala von Antisemiten in Europa. Während seines Aufenthalts in Wien zu Beginn des Jahrhunderts hatte Adolf Hitler jene "Erleuchtung", die den Grundstein für sein Programm der Judenverfolgung legte. Auf dem Land ging immer noch die Legende vom "Ritualmord" um, derzufolge die Juden das Blut unschuldiger Christenkinder benötigten, um das ungesäuerte Brot für das Passahfest zu backen. In den "gebildeten" Schichten und an den Universitäten dominierte der Rassismus Georg von Schönerers, eines führenden antisemitischen Politikers des ausgehenden 19. Jahrhunderts.

Katholischen Kreisen war die offene Zustimmung zum rassentheoretisch begründeten Antisemitismus der völkischen und später nationalsozialistischen Propaganda aufgrund von deren Antiklerikalismus nicht möglich. Andererseits konnte man, wie Dirk von Arkel, Verfasser einer hervorragenden Untersuchung über den Antisemitismus in Österreich, schreibt, "die meisten gängigen Klischees der antijüdischen Einstellung in Österreich schon in Zeitungen wie ‚Die Weckstimme für das katholische Volk' und in anderen konservativen und ultramontanen Veröffentlichungen aus den Jahren 1871 bis 1873 finden. Militante Katholiken, denen die Verbreitung des Antiklerikalismus und die zunehmende Verweltlichung ein Dorn im Auge waren, gehörten zu den ersten, die die Juden frontal angriffen. Dies gilt zum Beispiel für einen Priester namens Josef Scheicher, der in der ‚Wiener Kirchenzeitung' die Idee aufbrachte, daß die ‚Juden, die Schweinefleisch essen', d.h. die assimilierten Juden, die gefährlichsten seien und daß im übrigen die Presse von ‚verjudeten Christen' beherrscht werde."[5]

Aber der Mann, der diesbezüglich die öffentliche Meinung am nachhaltigsten beeinflußt hat, ist der Begründer der Christlichsozialen Partei, Karl Lueger, zur Jahrhundertwende Bürgermeister von Wien. Er vertrat die "populistische" Form des Antisemitismus, die in jener Mittelklasse ihre Anhänger hatte, die Opfer der Wirtschaftskrise und der Modernisierung geworden war und ihre Schwierigkeiten der jüdischen Großfinanz in die Schuhe schob. Lueger war ein höchst geschickter, oft sehr zynischer Demagoge; er erklärte - schon auf dem Gipfel seiner politischen Macht angelangt: "Der Antisemitismus is a sehr gutes Agitationsmittel, um in der Politik hinauf zu kommen; wenn man aber einmal oben ist, kann man ihn nimmer brauchen, denn dös is a Pöbelsport."

Die sukzessive Beseitigung der Bindung des Wahlrechts an Einkommen und Vermögen begünstigte die wahltaktische Nutzung des Antisemitismus durch Lueger. Dies hinderte ihn jedoch nicht, ansonsten regelmäßigen Umgang mit einigen der angesehensten Juden des damaligen Wien zu pflegen und mit einem Käppchen auf dem Kopf den feierlichen Gottesdiensten in der großen Synagoge beizuwohnen: "Wer ein Jude ist, das bestimme ich!", dieser in Frankreich Hermann Göhring zugeschriebene Satz stammt in Wirklichkeit vom Wiener Bürgermeister Lueger, der damit jenen seiner Anhänger antwortete, die ihm "Zugeständnisse" an die Juden vorwarfen.

"Ich habe den Antisemitismus bei Lueger in Wien gelernt", schreibt Adolf Hitler in "Mein Kampf". Der Schüler sollte seinen Meister bald überflügeln, als er in Wien einzog und jene antisemitische Propaganda verbreitete, die die Wiener bereits von ihrem früheren Bürgermeister gut kannten. Heute noch trägt ein Abschnitt des Rings, jener Prachtstraße, die um die Wiener Innenstadt herumführt, den Namen Karl Luegers.

Waldheims Vater, ein Gegner Hitlers

Wie hat dieser psychologische und politische Kontext den jungen Waldheim beeinflußt? Die heutige Persönlichkeit wurde geprägt durch die Wahl seines Studiums, seiner Kontakte, die ideologische Atmosphäre seiner Schul- und Studienjahre. Einige sprachliche Ausrutscher in der Hitze der Wahlkampagne von 1986 lassen unbestreitbar tief blicken. Als ihn die französische Journalistin Claire Tréan nach seiner Meinung zu den nachteiligen Stellungnahmen über ihn in der internationalen Presse befragte, antwortete er: "Aber es ist doch allgemein bekannt, daß die internationale Presse vom Jüdischen Weltkongreß beherrscht wird!"[6]

Trotzdem wäre es möglich gewesen, daß sich der junge Kurt Waldheim wie eine nicht unerhebliche Zahl der Christen in seinem Lande und manche seiner Mitschüler in Tulln für den Widerstand gegen den Nationalsozialismus entschieden hätte[7], standen die Werte, die vom Nationalsozialismus propagiert wurden, doch im Gegensatz zu den christlichen Werten seiner Kindheit und Jugend. Oder er hätte es zumindest seinem Vater gleichtun können, der in die "innere Emigration" ging und nach seiner Verhaftung und seiner vorzeitigen Pensionierung verstummte. Nichts von alldem geschah.

In einer Familie von traditionsbewußten praktizierenden Katholiken wie der Familie Walter Waldheims, gibt in der Regel der Vater den Ton an, wenn es um politische Überzeugungen geht. Bis zu seiner Einberufung zum Wehrdienst im Jahre 1936, und vor allem bis zum Studienbeginn in Wien 1937, erkannte sich Kurt offenbar in den von seinem Vater vertretenen Ansichten wieder, nämlich der unbedingten Treue gegenüber dem "christlichen Ständestaat" von Kanzler Dollfuß und seinem Nachfolger Kurt von Schuschnigg.

Diese Annahme läßt sich durch mehrere Indizien begründen. Zunächst durch die allgemeine politische Stimmung in Tulln. Die Nazis hatten in dieser Gegend kurz vor ihrem Verbot einen niedrigeren Stimmenanteil als im österreichischen Durchschnitt. Die "Schwarzen" in Tulln waren nicht so empfänglich wie manche andere für eine "Verführung" durch den Nationalsozialismus - der ohnehin in Deutschland und in Österreich bei den Bauern nie sehr gut verankert war -, denn die führenden katholischen Honoratioren wurden hier weniger als anderswo von der Furcht vor der "roten Gefahr" geplagt, da die Sozialisten zahlenmäßig schwach vertreten waren. Alle bisher vorliegenden Beschreibungen der Persönlichkeit Walter Waldheims zeigen ihn außerdem als einen Mann der Ordnung, der Pflicht und der Tradition. Für ihn bedeuteten die Nazis eine gewisse Form von Unordnung, die ihm dem Wesen nach zwar andersartig, in der Stärke aber jener Unordnung vergleichbar schien, die durch die "Roten" entstehen könnte. Wichtig war ihm jedoch vor allem anderen das berufliche Fortkommen seiner Kinder.

Sein zweitältester Sohn, Walter, hatte seine Entscheidung schon getroffen: Er wollte Lehrer werden wie der Vater. Kurt, der älteste, der verschlossener war, schien sich beim Abgang vom Gymnasium in Klosterneuburg noch für keinen Berufsweg entschieden zu haben. Seine Matura hatte er im Juni 1936 glänzend bestanden, was er - trotz schwacher Leistungen in Mathematik - seinen guten Leistungen in den modernen Fremdsprachen und Latein zu verdanken hatte. Für das dritte Kind, die Tochter Gerlinde, stand die Entscheidung bereits lange fest: Sie wollte Ärztin werden. Damit alle diese Zukunftspläne verwirklicht werden konnten, durfte keine grundlegende Umwälzung eintreten, und die Ordnung mußte innerhalb wie außerhalb der Familie gewahrt bleiben. Walter Waldheim, der "pater familias", entschied sich dafür, sich gegen die Nazis zu stellen. Dies hatte seine kurze Inhaftierung direkt nach dem Anschluß zur Folge sowie seine Versetzung von Tulln in das 60 Kilometer entfernte Baden bei Wien. Diese Strafmaßnahmen waren vor allem auf Denunziationen von Tullner Nazis zurückzuführen, die sich mit dem jungen Kurt geprügelt hatten, als er kurz vor dem Einmarsch der deutschen Truppen in Österreich Flugblätter für Kanzler Schuschnigg und gegen die Nationalsozialisten verteilte. Zwischen 1938 und 1945 fiel Walter Waldheim durch keinerlei politische Stellungnahme auf. Er wurde in den Ruhestand versetzt und zog sich in Baden bei Wien zurück. Kann Kurt Waldheim sich heute auf die Lebensgeschichte seines Vaters, des Nazigegners berufen, um die gegen ihn selbst gerichteten Anschuldigungen zu entkräften?

Im November 1980 antwortete Kurt Waldheim auf die Fragen des amerikanischen Abgeordneten Stephen J. Solarz nach seinen eventuellen Verbindungen zu nationalsozialistischen Bewegungen: "Vor allem möchte ich sagen, daß ich nie in irgendeiner Verbindung zu NS-Jugendgruppen stand. Im Gegenteil, meine Familie war bekannt dafür, daß sie vor dem Anschluß zu den aktiven Gegnern des Nationalsozialismus gehörte, und nachher haben wir aus den politischen Überzeugungen der Familie auch keinen Hehl gemacht. Es stimmt, daß mein Vater nach dem Anschluß verhaftet wurde und daß unsere Familie wegen der ständigen Schikanen durch die nationalsozialistischen Behörden gezwungen wurde fortzuziehen." Den Ruf der Familie anzuführen, um seine Nicht-Zugehörigkeit zu nationalsozialistischen Organisationen zu beteuern, ist ein geschickter Schachzug Kurt Waldheims. Das Stück Wahrheit im zweiten Teil seiner Aussage ("meine Familie gehörte zu den Nazigegnern") dient hier einzig dazu, eine Lüge zu bemänteln, die einige Jahre später aufgedeckt werden sollte.

SA-Reiterstandarte 5/90

Waldheims Mitgliedschaft bei drei NS-Organisationen wird durch ein amtliches Dokument belegt, das aus den Archiven des Reichsjustizministeriums stammt und im März 1986 im "Profil" veröffentlicht wurde. Es handelt sich um einen im Jahre 1940 angelegten Personalbogen für die Aufnahme in den Gerichtsdienst. Unter der Rubrik "Zugehörigkeit zu Gliederungen" steht zu lesen: "SA. Reiterstandarte 5/90, SA Mann seit 18. 11. 1938. NS. Studentenbund seit 1. 4. 1938".

Als er mit diesem Dokument, das alle seine früheren Erklärungen Lügen strafte, konfrontiert wurde, bediente sich Waldheim, je nach den Umständen einer Art flexiblen Verteidigung: "Das ist eine Ungeheuerlichkeit. Ich bin nie Mitglied einer NS-Organisation gewesen. Das Ganze ist nur ein gezielter Querschuß vor der Wahl", sagte er z.B. in einem Interview mit der "Kronenzeitung" vom 3. Februar 1986. Da er aber nicht gut seine Mitgliedschaft bei der SA-Reiterstandarte leugnen konnte - hatte er sie doch 1946 im Personalakt des Oberlandesgerichts Wien selbst zugegeben -, erklärte er einen Monat später: "Das waren aber rein sportliche Aktivitäten und hatten mit der Partei nichts zu tun."

Wenn schon das "sportliche" Argument im Fall der Reiterstandarte fragwürdig ist, so kann es zumindest nicht für die beiden anderen Organisationen, die SA und den NS-Studentenbund gelten. Waldheim gibt für seine Mitgliedschaft zwei, im übrigen in sich widersprüchliche Erklärungen. Einerseits behauptet er, daß das Formular, während er an der Front war, von Freunden ausgefüllt worden sei, die es "gut gemeint hatten" und ihn, indem sie Angaben über Mitgliedschaften in NS-Organisationen machten, hätten schützen wollen (Interview AP, 9. März 1986); andererseits gibt er an, die Mitgliedschaft in diesen Organisationen sei eine reine Formalität gewesen, notwendig, um den Schein zu wahren und um das Studium fortsetzen zu können. "Wenn ich mein Studium beenden wollte, brauchte ich einen gewissen Schutz... Der Studentenbund, das war nichts, vollkommen harmlos, total uninteressante Organisation, in welche die meisten, die studieren wollten, eintraten, um irgendwie in Ruhe gelassen zu werden." (International Herald Tribune, 5. März 1986). In der Denkschrift, die am 12. April 1986 dem österreichischen Präsidenten Rudolf Kirchschläger vorgelegt wurde, kehrte er zu seiner früheren Version zurück: "Wie klar aus der Dokumentation hervorgeht, war ich nie Mitglied der NSDAP noch der Braunhemden (SA), noch des NS-Studentenbundes..."

Bei der Verteidigungstaktik Waldheims fällt einem der jüdische Witz vom Kessel ein. Ein Jude bittet seinen Nachbarn, ihm den geborgten Kessel zurückzugeben. "Betrachte dein Ansuchen als null und nichtig", antwortet ihm dieser, "und zwar aus drei Gründen: Erstens hast du mir nie einen Kessel geliehen, zweitens hatte er Löcher, und drittens hab ich ihn dir schon zurückgegeben..." Doch kommt man nicht umhin, die Argumente, deren sich Waldheim bedient, um seine Zugehörigkeit zu NS-Organisationen zu leugnen oder zu verharmlosen, genauer unter die Lupe zu nehmen. Wäre diese Zugehörigkeit nämlich bereits 1945 aktenkundig gewesen, hätte sie Waldheims Aufnahme in den öffentlichen Dienst zumindest vorübergehend verhindert, und sein Leben wäre ganz anders verlaufen.

Kurt Waldheim behauptet, wie gesagt, wohlmeinende Freunde hätten die zitierten Angaben in seiner Abwesenheit in die Akte eintragen lassen. Ungeachtet der Tatsache, daß bislang keiner der vorgeblichen Freunde aufgetaucht ist, um die Aussagen des österreichischen Präsidenten zu bestätigen, gilt es festzuhalten, daß die betreffende Akte im Frühjahr 1940 auf der Grundlage eines Fragebogens angelegt wurde, den Kurt Waldheim im Zuge des Ernennungsverfahrens zum Gerichtsreferendar am 24. April 1940 ausgefüllt hatte. Nach den damals geltenden Bestimmungen war der Fragebogen persönlich und mit Eidesformel auszufüllen.

Dieser Fragebogen wird gegenwärtig im Archiv des Oberlandesgerichts Wien aufbewahrt. Dort heißt es in der Rubrik Zugehörigkeit zur NSDAP: "NSDAP: noch nicht möglich, da beim Militär". Die Hypothese, dieser Fragebogen sei in Abwesenheit Waldheims, der zu dieser Zeit am Frankreichfeldzug der Deutschen Wehrmacht teilgenommen habe, ausgefüllt worden, ist auch aus einem anderen Grund nicht haltbar: Den Eintragungen im Wehrstammbuch nach war Waldheim vom 1. April bis zum 15. Oktober 1940 auf Heimaturlaub.

Ab 1945, als er nur seine Zugehörigkeit zum SA-Reiterkorps eingestand, beschloß Kurt Waldheim also, die Unwahrheit zu sagen. Der Grund dafür ist einfach. Als es darum ging, den öffentlichen Dienst von ehemaligen Anhängern des NS-Regimes zu säubern, unterschied man zwischen "belasteten" und "minderbelasteten" Nationalsozialisten. Wie die Sitzungsprotokolle der Entnazifizierungskommissionen der Universität Wien, die sich aus Vertretern der drei von den Alliierten zugelassenen Parteien ÖVP, SPÖ und KPÖ zusammensetzten, bezeugen, verzieh man im allgemeinen denen, die nur bei einer NS-"Massenorganisation" Mitglied gewesen waren. Bestraft wurden hingegen diejenigen, die mehreren Organisationen angehört und so einen Eifer zu erkennen gegeben hatten, der über bloßen Selbstschutz hinausgegangen war. Von den drei Mitgliedschaften Waldheims - SA-

Reiterei, SA, NS-Studentenbund - waren zwei zuviel. So erklärt sich die Zuflucht zur Lüge, der Waldheim seither treu geblieben ist.

Unter Braunhemden 1938

Was sollte vertuscht werden? Welche konkrete Wirklichkeit verbarg sich hinter diesen Organisationen, wenn man einmal von den reiterlichen Aktivitäten der SA-Reiterstandarte 5/90 absieht? Kurt Waldheim hat sich aus guten Gründen nicht dazu geäußert. Allerdings ist eine Fotografie erhalten geblieben, die ihn in Naziuniform und in Habt-acht-Stellung bei einer von Gauleiter Bürckel kurz nach dem Anschluß, am 1. Mai 1938, auf dem Heldenplatz organisierten Massenkundgebung zeigt. Als ihm dieses Foto präsentiert wurde, erklärte Kurt Waldheim ganz einfach, es müsse sich ohne Zweifel um einen Doppelgänger handeln.

Da Waldheim erst am 18. November 1938 der SA, der Sturmabteilung, bekannter unter dem Namen Braunhemden, beitrat, verfügt er über eine gute Entschuldigung, nicht an der berüchtigten "Kristallnacht" vom 9. auf den 10. November, in der im ganzen Reich und in Wien gewalttätige Ausschreitungen gegen Juden stattfanden, teilgenommen zu haben. Doch sollte man dabei berücksichtigen, daß eine sechsmonatige Probezeit zwischen dem Aufnahmeansuchen und der endgültigen Aufnahme in die SA erforderlich war. Im Laufe dieser Probezeit mußte der SA-Anwärter besonderes Engagement an den Tag legen.

Das Zeugnis eines gleichaltrigen Studienkollegen Waldheims, Albert Massiczek[8], vermittelt uns eine Vorstellung von den Pflichten eines Studenten, der einer NS-Organisation angehörte, in den ersten Wochen nach dem Anschluß. Massiczek, der schon vor der Annexion der illegalen SS beigetreten war, hatte nach dem Einmarsch der Deutschen in Österreich am Nazismus zu zweifeln begonnen. Es war ihm, unter dem Vorwand, seine Zugehörigkeit zur SS sei mit der Fortsetzung seines Studiums unvereinbar, gelungen, sich von dieser Organisation freistellen zu lassen:

"Die mir damit gegönnte ersprießliche Tätigkeit wurde in der Nacht vom 9. auf den 10. November 1938 durch einen Sonderappell zur Organisierung der Kristallnachtverbrechen unterbrochen." Massiczek schreibt außerdem, daß militärische Übungen und Wachestehen vor den verschiedenen Parteigebäuden zu den täglichen Aufgaben der Nazistudenten gehörten.

Die Aktivitäten der SA verstärkten sich auf den Wiener Straßen zwischen März 1938 und September 1939, dem Beginn des Zweiten Weltkriegs, als viele unter den SA-Männern eine andere Uniform, die der Wehrmacht, anziehen mußten. Die Brutalität, mit der in Wien Juden und Nazi-Gegner behandelt wurden, übertraf alles, was man anderswo hatte sehen können. Die Männer in den braunen Uniformen terrorisierten die Stadt, und es verging kein Tag, an dem man nicht in dem einen oder anderen Viertel Szenen der Gewalt und der Erniedrigung sehen konnte.

George Clare, österreichischer Jude und Augenzeuge, der Wien nach dem Anschluß verlassen hatte, beschreibt jene Tage folgendermaßen:

"Kann man von einer ganzen Stadt sagen, daß sie sich verhält wie eine sexuell erregte Frau: zitternd, stöhnend und lüstern seufzend dem Orgasmus, der Befriedigung entgegenfiebert? Verschmockte Schreibe? O nein - das ist eine genaue Beschreibung dessen, wie Wien an diesem Montag, dem 14. März 1938, war und fühlte, als Hitler in die Stadt hineinfuhr.

Und während die Wagenkolonne des Führers durch die Straßen der alten Habsburger Metropole fuhr, die von Hunderttausenden winkender und jubelnder Wiener gesäumt waren, läuteten die Kirchenglocken ihr obszönes Jubilate dazu.

Ja, so war Wien an diesem Tag - ich weiß es, ich bin dabeigewesen! Ich weiß aber auch, daß es viele Tausende gab, und keineswegs nur Juden, die ihre Fenster fest verschlossen hielten, um von der Raserei auf den Straßen nichts hören zu müssen. Das waren Männer und Frauen mit echten Überzeugungen. Sozialdemokraten, Monarchisten, wahre Katholiken, Christlich-Soziale, für die Patriotismus vor Opportunismus kam; aber auch Menschen, die weder das eine noch das andere waren, sondern einfach nur menschliche Wesen. Was sie in diesen Stunden empfanden - Trauer, Scham, Trotz und die Entschlossenheit, eines Tages wieder als Österreicher zusammenzustehen -, sollte zur rechten Zeit die Kluft überbrücken, die sie solange voneinander getrennt hatte, und bildete schließlich das moralische Fundament, auf dem die Zweite Republik errichtet wurde.

Der österreichische Katholik Adolf Hitler, aufrecht in seinem Mercedes stehend, die rechte Hand zum Nazi-Gruß erhoben, verachtete die Massen österreichischer Katholiken, die ihn in ihrer Stadt willkommen hießen, in einer Stadt, die ihn einst nicht zur Kenntnis genommen hatte. Diese Mißachtung hat er Wien niemals verziehen. Er war längst fest entschlossen, daß nicht seine österreichischen, sondern seine deutschen Vasallen künftig an der Donau die Herren sein sollten."[9]

Ein anderes Zeugnis über den Wiener Alltag im Jahre 1938 verdient es, vollständig zitiert zu werden. Die ganzen Jahre über konnte Kurt Waldheim in aller Ruhe behaupten, er habe nie etwas von den Judenverfolgungen gehört. Dieser Gedächtnisschwund paßt gut zu einer Stadt, in der heute, 1986, noch immer kein Denkmal, nicht eine Gedenktafel an die 60 000 von den Nazis umgebrachten Wiener Juden erinnert... Doch lesen wir, was ein einfacher Zeuge erlebte, der einige Tage nach dem Anschluß über die Taborstraße im jüdischen Bezirk von Wien ging. Dieser Bericht wurde bereits 1939 in London publiziert.[10]

Was er gewußt haben muß

"Vor einem großen jüdischen Geschäft stand eine lange Reihe von Lastautos, auf die SA-Leute alle Arten von Konfektionswaren verluden, die sie stoßweise aus dem Geschäft holten. Polizisten waren zugegen und sorgten dafür, daß sie bei ihrem Raubzug nicht gestört würden, und verscheuchten neugierige Straßenpassanten. Das alles war durchaus nichts Bemerkenswertes, nur ein Ereignis, wie es täglich zu Tausenden vorkam und das ich hier zufällig mit eigenen Augen beobachtete. Dies war Raub auf Privatrechnung, der aus irgendeinem Grunde für abstoßender gehalten wird als jene systematische Plünderei, die die Naziorganisation als solche beging, indem sie jüdische Geschäfte, von denen manche in generationenlanger Arbeit langsam aufgebaut worden waren, ihren Besitzern entwendete und in ein paar Monaten zugrunde richtete. Unter all den Schrecken, denen österreichische Juden, österreichische Patrioten und österreichische Demokraten - kurz, alle Nicht-Nazi - nach dem 11. März 1938 ausgesetzt waren, waren diese Diebstähle und Plünderungen noch die geringfügigsten. Schon nach wenigen Tagen hörte ich kaum mehr einen einzigen Juden darüber Klage führen; man nahm sie als unvermeidlich hin.

Viel entsetzlicher jedoch war die Selbstverständlichkeit, mit der jede jüdische Familie nunmehr den Selbstmord von Familienmitgliedern als normales und natürliches Ereignis hinnahm. Es war einfach unmöglich, irgend jemandem außerhalb Österreichs verständlich zu machen, mit welcher resignierten Sachlichkeit die österreichischen Juden damals von Selbstmord als einem alltäglichen Ausweg aus ihrer entsetzlichen Lage sprachen. Jüdische Freunde teilten einem den Entschluß, Selbstmord zu verüben, in dem gleichen Ton mit, in dem sie einem früher erzählt hatten, daß sie eine kurze Eisenbahnreise unternehmen würden. In jenen ersten Tagen konnte man sich unmöglich die krankhafte und entartete Geisteshaltung vorstellen, die die Grundlage des pathologischen Antisemitismus der Nazi bildete. Daher war es uns unmöglich, zu begreifen, was es bedeutet, wenn plötzlich ein Sechstel der Wiener Bevölkerung zu Ausgestoßenen wurde, die man aller Rechte beraubte. So nahm man ihnen das Recht auf jedweden Besitz, klein oder groß, das Recht, einer Beschäftigung nachzugehen oder anderen eine Beschäftigung zu geben, das Recht auf Ausübung eines Berufes und das Recht, Restaurants, Cafés, Bäder oder öffentliche Parkanlagen zu betreten. Täglich und stündlich sahen sie sich ohne Hoffnung auf eine Besserung ihrer Lage den gemeinsten Beleidigungen und Erniedrigungen ausgesetzt, die sich perverse Gehirne ausdenken konnten. Ständig befanden sie sich in der Gefahr, zu jeder beliebigen Tag- und Nachtstunde ohne stichhaltigen Grund ins Gefängnis geworfen zu werden, wo sie ohne Urteil verbleiben würden. Und gleichzeitig mit alldem mußten sie noch sehen, wie jedes Land der Welt selbstsüchtig vor ihnen seine Grenzen schloß, wenn sie sich in Sicherheit zu bringen suchten, nachdem man ihnen den letzten Groschen abgenommen hatte. Für die nichtjüdischen Opfer der Nazityrannei bestand doch in vielen Fällen die Hoffnung, daß eines Tages der Alpdruck vorübergehen würde. Für die Juden aber gab es überhaupt keine Hoffnung mehr.

Eine Familie nach der anderen wurde aus ihrem Heim getrieben und in ein Getto gepfercht, nur weil ihr Blut nicht rein teutonisch war. Männer und Frauen wurden zu Tausenden verhaftet, monatelang ohne Erhebung einer Anklage in überfüllten Zellen gehalten und schließlich gezwungen, ein Dokument zu unterschreiben, das sie vor die Wahl stellte, ins Ausland oder nach Dachau zu gehen, wobei sie genau wußten, daß kein Land verfolgte Juden aufnehmen würde. Jüdische Familien, die Generationen hindurch in einem burgenländischen Dorf gelebt hatten, wurden - Kinder, alte Männer und Frauen, achtzigjährige Invalide und Schwerkranke - während eines wütenden Sturmes auf einer Insel in der Donau ausgesetzt, deren schmutzigbraune Wellen ihnen bis über die Füße schlugen. Es mußte in England ganz unglaublich klingen, wenn ich weiter berichtete, daß es gelungen war, diese Gruppe von jüdischen Bauern und kleinen Geschäftsleuten zu retten, daß man ihnen aber dann überall das Asylrecht verweigerte und sie wie Vieh zusammengepfercht auf einem alten Donauschiff verblieben, ohne jede Hoffnung, jemals wieder ins Leben zurückkehren zu können. Frauen, deren Männer eine Woche vorher verhaftet worden waren und gegen die man niemals eine Anklage erhoben hatte, erhielten plötzlich vom Briefträger ein kleines Paket mit der knappen Bemerkung: ‚150 Mark zu bezahlen für die Einäscherung Ihres Mannes. Das Paket enthält die Asche aus Dachau.' Die übliche Mitteilung bestand in einem vorgedruckten Zettel - ich habe einen solchen vor mir liegen -, auf dem es hieß: ‚Die Angehörigen ... werden hiemit verständigt, daß dieser heute im Konzentrationslager Dachau gestorben ist. (Unterschrift) Hauptquartier der STAPO.' Mit aschgrauem Gesicht und zitternden Lippen kam ein Geschäftsmann zu mir, dem englischen Journalisten, mit dem er oft zu tun gehabt hatte, und stammelte voll Angst: ‚Verbergen Sie meinen Sohn, bitte, verbergen Sie ihn! Vorige Woche haben sie den Buben meines Cousins nach Dachau geschickt und vier Tage später kam seine Asche.' Der Engländer zu Hause hat nie so wie ich Nazi gesehen, wie sie sich an der Liste von Juden, die Selbstmord begangen hatten, weideten, oder die unbeschreiblich bestialischen Artikel in Streichers antisemitischem Hetzblatt ‚Der Stürmer' gelesen, noch den speicheltriefenden Mund des glatzköpfigen Aasgeiers mit seinem rotgedunsenen Gesicht gesehen, neben dem ich mehr als einmal in München Bier getrunken hatte und der die Selbstmordberichte aus Wien mit den Schlagzeilen versah: ‚Anderen zur Nachahmung empfohlen'... (...)

Einige der Schreckensszenen sah ich aus nächster Nähe. Als ich einmal die Stiegen meines Wohnhauses hinuntereilte, um Hitlers erste Rede bei seiner Ankunft in Wien zu hören, wurde ich durch Männer aufgehalten, die eben die Leichen eines jungen jüdischen Doktors und seiner Mutter fortschafften. Ich kannte sie als ruhige, anständige und fleißige Hausgenossen, die seit Jahren zwei Stockwerke tiefer gewohnt hatten. Der Mann war über Nacht aus seinem Spital entlassen worden, ohne jede Hoffnung, je wieder einen Verdienst zu finden. Nazi waren in seine Wohnung eingebrochen und hatten eine riesige Hakenkreuzfahne aus dem Fenster gehängt. Da er ein Arzt war, war es für ihn und seine Mutter leichter gewesen, zu entkommen, als für andere. Eine Injektion hatte beiden die Erlösung gebracht. Die SS-Truppen, die das Lokal des Sturmkorps im Erdgeschoß übernommen hatten, grinsten voll Genugtuung, als die Leichen vorübergetragen wurden. Von meinem Fenster aus konnte ich beobachten, wie sie jüdische Passanten, meistens Ärzte, Rechtsanwälte oder Kaufleute - sie bevorzugten Angehörige der gebildeten Schichten - anhielten und zwangen, in der Wohnung, in der sich die Tragödie abgespielt hatte, den Boden zu bürsten, das Parkett zu wachsen und die Teppiche zu klopfen, während sie die nichtjüdische Hausgehilfin auf einem Sessel sitzend untätig zuschauen ließen. Die Habsburgergasse, in der ich wohnte, wurde von der SS zum Parken der gestohlenen jüdischen Autos benützt. Auf jeden Wagen war das gefürchtete Zeichen der SS gemalt worden. Jeden Tag, den ich noch in Wien verbrachte, war ich nun gezwungen, beim Betreten oder Verlassen meines Hauses mitanzusehen, wie der Nazipöbel jüdische Männer, Frauen und Mädchen jeglichen Standes und Alters zwang, die Autos zu waschen, die die Nazibanditen ihren Rassegenossen gestohlen hatten. Diese Juden waren wahllos auf der Straße zusammengefangen worden. Da sehr viele Nichtjuden und Antinazi in den ersten Schreckenstagen, um Verfolgungen zu entgehen, eiligst irgendein Hakenkreuzabzeichen angesteckt hatten (was später von den Nazi verboten wurde), waren die Juden leicht zu erkennen. Ausländer schützten sich, indem sie ihre Nationalfarben im Knopfloch trugen.

Von meinem Büro am Petersplatz konnte ich auch Wochen hindurch den Lieblingssport des Nazimobs beobachten: Jüdische Männer und Frauen wurden gezwungen, auf allen vieren kriechend, den Gehsteig mit einer scharfen Lauge zu reiben, die ihnen die Haut verbrannte, so daß sie sich sofort in Spitalsbehandlung begeben mußten. Unter Dollfuß und Schuschnigg war es einige Male vorgekommen, daß Nazi, die man beim Schmieren von Hakenkreuzen erwischt hatte, von der Polizei gezwungen worden waren, diese wieder mit schwarzer Farbe zu übermalen oder die Zettel zusammenzukehren, die sie in den Straßen gestreut hatten - eine milde und angemessene Maßnahme, die man kaum eine Strafe nennen konnte. Die Fürsprecher der Nazi im Ausland versuchten, zwischen dieser Maßnahme und den Reibpartien der Juden eine Parallele zu ziehen. Aber zwischen ihnen bestand keine Parallele. Während die Nazi am frühen Morgen, ehe es noch viele Leute auf den Straßen gab, herausgeholt wurden, um die Spuren ihrer eigenen illegalen Propaganda zu beseitigen, wurden die Juden gezwungen, in den belebtesten Straßen und zu einer Zeit, da der Verkehr am größten und die Arbeit für sie daher am peinlichsten war, die Überreste der völlig legalen Wahlpropaganda der letzten Regierung, mit der sie selbst nichts zu tun gehabt hatten, zu beseitigen. Ich hatte selbst gesehen, wie unmittelbar nach der Ankündigung der Volksabstimmung Mitglieder der Vaterländischen Jugendorganisation über Weisung Schuschniggs auf Gehsteigen das Krückenkreuz schmierten und mit Schablonen das Porträt Schuschniggs auf Häusermauern malten. Jetzt aber wurden tagtäglich Juden, Frauen und Männer von der SA aus Geschäften, Büros und Wohnungen geholt und gezwungen, inmitten einer sich drängenden, stichelnden und lachenden Menge von ‚goldenen Wiener Herzen' mit Ausreibbürsten, auf allen vieren kriechend stundenlang die Gehsteige zu reiben, in dem hoffnungslosen Versuch, die Spuren der Schuschnigg-Propaganda zu beseitigen. (Wo es keine Krückenkreuze wegzuwaschen gab, malten sie die Nazi selbst auf den Gehsteig, um den Juden so eine Arbeit zu schaffen.) Von Zeit zu Zeit johlte die Menge vor Vergnügen auf. Dies bedeutete dann, daß einer der SA-Männer höhnisch gesagt hatte, ‚Sie brauchen frisches Wasser' und dabei einen Kübel voll Schmutzwasser über sein Opfer gegossen hatte.

Die erste Reibpartie sah ich auf dem Praterstern. Sie mußte das Bild Schuschniggs entfernen, das mit einer Schablone auf den Sockel eines Monuments gemalt worden war. SA-Leute schleppten einen bejahrten jüdischen Arbeiter und seine Frau durch die beifallklatschende Menge. Tränen rollten der alten Frau über die Wangen, und während sie starr vor sich hinsah und förmlich durch ihre Peiniger hindurchblickte, konnte ich sehen, wie der alte Mann, dessen Arm sie hielt, versuchte, ihre Hand zu streicheln.

‚Arbeit für die Juden, endlich Arbeit für die Juden!' heulte die Menge. ‚Wir danken unserem Führer, er hat Arbeit für die Juden geschafft!'"

(G.E.R. Gedye, Als die Bastionen fielen, Wien 1981, S. 291-295)

Waldheim - Zelig

In einem Film, der 1984 mit großem Erfolg gezeigt wurde, verkörpert Woody Allen einen Mann namens Zelig, der die Züge seiner jeweiligen Umgebung annimmt. So ist er korpulent unter Dicken, neurotisch unter Intellektuellen, und man sieht ihn sogar in SA-Uniform auf einem NS-Parteitag in Nürnberg Freunden zuwinken. Kurt Waldheim hat im Laufe seiner ganzen Karriere einen ausgeprägten Hang zu solch chamäleonhaften Verwandlungen an den Tag gelegt. Er verfügte über ein bemerkenswertes Gespür für die Schwankungen der politischen Wetterlage und verstand es, jeweils auf das richtige Pferd zu setzen. Es war nicht jedem gegeben, gleichzeitig in seiner Heimatstadt Tulln als Nazi-Gegner zu gelten und in Wien als aktives Mitglied von NS-Organisationen aufzutreten.

So aber stellt sich der Werdegang des jungen Waldheim von der Matura bis zum Stellungsbefehl im August 1939 dar. Bis zur Matura im Juni 1936 stand Kurt Waldheim völlig unter dem Einfluß seiner Familie, d.h. er war ein Gegner der "Illegalen", die die Vereinigung Österreichs mit dem Reich beschleunigen wollten. Einer seiner Klassenkameraden, Josef Tasler, beschreibt Waldheim als Gymnasiasten folgendermaßen: "Er war immer lieb und nett und ruhig." Tasler gründete in Klosterneuburg die Mittelschülerverbindung "Comagenia", eine jener Burschenschaften - in diesem Fall für Gymnasiasten -, die sich vor allem mit Trinkgelagen und Mensuren hervortaten, die bei der künftigen Elite der deutschen Nation jene berühmten Schmisse hinterließen, die von mancher Tochter aus gutem Hause so sehr geschätzt wurden. Die Burschenschaften erwiesen sich in den meisten Fällen als leidenschaftliche Propagandisten der Nazi-Ideen. Doch fühlte sich Kurt Waldheim damals noch nicht zum Führer berufen: Er war einfacher Leibfuchs des Verbindungsseniors.

Die Beziehungen Kurt Waldheims zu seiner Familie änderten sich, als er sich nach Abschluß des Gymnasiums freiwillig zum einjährigen Militärdienst für Offiziersanwärter meldete. Es handelte sich dabei um eine höhere militärische Ausbildung für Maturanten, die mehrheitlich aus bürgerlichen und adligen Familien stammten. Als Freiwillige konnten sie sich die Waffengattung, bei der sie dienen wollten, selbst aussuchen. Wegen der geographischen Nähe zu seinem Vaterhaus wählte Kurt Waldheim das Dragonerregiment im Städtchen Stockerau, das am linken Ufer der Donau zwischen Tulln und Wien liegt.

In diesem Dragonerregiment, das in der Hauptsache von Offizieren befehligt wurde, die aus altem Adel stammten, herrschten noch die monarchistischen Traditionen vor. Kurt Waldheim, Sohn eines kleinen Beamten und Enkel eines Schmieds, war in dieser Umgebung, wo der Adel den Ton angab, eher ein Außenseiter. Dort entdeckte er, der noch nie auf einem Pferd gesessen war und dessen Freizeitvergnügen sich aufs Rudern auf den toten Donauarmen in der Nähe seiner Heimatstadt beschränkt hatte, seine Vorliebe für das Reiten, die er zeitlebens behalten sollte. Damals reifte in ihm auch der Entschluß, Diplomat zu werden, also trotz seiner provinzlerischen Unbeholfenheit und seiner niedrigen Herkunft eine Laufbahn zu ergreifen, bei der ein adliger Stammbaum der beste Trumpf war.

Als sich Kurt Waldheim nach Beendigung seines Militärdienstes im Oktober 1937 gleichzeitig an der Juridischen Fakultät der Universität Wien und an der Konsularakademie in der Boltzmanngasse, der Ausbildungsstätte für Diplomaten, einschrieb, war er finanziell ziemlich schlecht gestellt. Da ihm seine Familie keine Unterkunft in Wien bezahlen konnte - es waren noch zwei weitere Kinder zu versorgen -, fuhr Waldheim täglich im Zug von Tulln nach Wien. Die Entlassung seines Vaters durch die Nazis und die Übersiedlung der Familie nach Baden bei Wien verkürzten später die tägliche Fahrt.

Vom Beginn seines Studiums an erwies sich Kurt Waldheim als außerordentlich fleißiger Student, wie auch aus seinen Noten an der

Konsularakademie hervorgeht. Man spürt, daß er trotz der Schwierigkeiten, die ihm aus seiner materiellen und sozialen Lage erwuchsen, von einem hartnäckigen Willen zum Erfolg beseelt war. Während er zu Hause als würdiger Sprößling der Familie Waldheim dem von den örtlichen Nazis ausgeübten Druck in keiner Weise nachgab, geriet er in Wien unter den Einfluß von Professoren und Studienkollegen, die dem Nationalsozialismus anhingen. Die Wiener Universität war nämlich, nach Albert Massiczek, vor wie zunächst auch nach dem Anschluß eine Brutstätte für Nazis und eine Hochburg des nazistischen Denkens.

1945 konnten, nach den ziemlich großzügig geführten Entnazifizierungsverfahren, die nur Professoren betrafen, deren aktive Zusammenarbeit mit dem Regime außer Zweifel stand, nur zehn von fünfunddreißig Lehrern der juridischen Fakultät, an der Kurt Waldheim studierte, ihre Stelle behalten. Die Mehrzahl der Entlassenen wurde nach Verabschiedung der Amnestiegesetze, die bereits 1948 die Folgen der Entnazifizierung zunichte machten, wieder eingestellt.

Es gilt allerdings zwischen der Rechtsfakultät, wo schon vor dem Anschluß die illegalen österreichischen Nazis das Sagen hatten, und der Konsularakademie zu unterscheiden, wo ein katholisch-konservativer Geist herrschte und die Nazis erst nach dem Anschluß den Ton angaben. Es wäre jedoch weit gefehlt, in ihr einen Hort des Widerstandes zu sehen. Die Mehrheit der Studenten, die später in den diplomatischen Dienst der Zweiten Republik traten, versuchten mit mehr oder weniger Geschick, ihre traditionellen deutschnationalkatholischen Anschauungen den Ideen der neuen Machthaber anzupassen. Bis zum denkwürdigen 13. März 1938, dem Tag des Anschlusses, war Kurt Waldheim in Wien ein seriöser, angepaßter Student, der durch keinerlei politische Tätigkeit auffiel. In Tulln hingegen verteilte er Flugblätter gegen die Nazis und für den Kanzler Schuschnigg. Doch brauchte er nur wenige Wochen, um sich der neuen Lage anzupassen und zu den Verteidigern des NS-Regimes überzugehen. Am 1. April, weniger als 14 Tage nach der berühmten Rede Adolf Hitlers auf dem Wiener Heldenplatz, trat er dem NS-Studentenbund bei.

Dem Direktor der Konsularakademie, Friedrich Hlavac von Rechtwall, wurde damals mit Lambert Haiböck, einem ehemaligen Illegalen, eine Art Politkommissar zur Seite gestellt. Unter dem Vorwand, er sei praktizierender Katholik, wurde dieser einige Jahre später aus der Partei ausgeschlossen. Lambert Haiböck, damals noch NSDAP-Mitglied, nahm sich des seriösen und strebsamen Studenten Kurt Waldheim an, in welchem er den Typus des neuen Diplomaten sah, den der Außendienst des Großdeutschen Reiches benötigte. Die Nazis mißtrauten nämlich den Erben der großen Adelsfamilien, die der Monarchie nachtrauerten und deren Habsburger-Nostalgie nicht zum Nazi-Stil paßte.

Als Waldheim sich um ein Italien-Stipendium bewarb, schrieb Haiböck in seinem Empfehlungsschreiben: "Er verkörpert den Studententypus unserer Zeit und unseres Landes in guter Weise." Der Italien-Aufenthalt kam nicht mehr zustande, denn Nazi-Deutschland begann den Angriff auf Polen, und Waldheim wurde zum Kriegsdienst eingezogen.

An der juridischen Fakultät lernte Waldheim seine zukünftige Frau, die um vier Jahre jüngere Elisabeth Ritschel, Tochter eines Infanterieoberleutnants, kennen. Elisabeth Ritschel, die 1938 der NSDAP beigetreten war, war so sehr von der NS-Weltanschauung überzeugt, daß sie aus der katholischen Kirche ausgetreten war. Als sie 1944 Kurt Waldheim heiratete, trat sie wieder in die Kirche ein. Doch blieb die junge Frau mit den braunen Haaren und den tiefblauen Augen, die auf das soldatische Auftreten ihres Vaters sehr stolz war, nach Aussagen von Studienkolleginnen dem Regime bis zum Ende treu. Eine ihrer Studienkolleginnen berichtet: "Sie hat erzählt, der Kurt war wieder in Wien, wir müssen durchhalten. Es kommt der Endsieg." Der doppelte Einfluß - sowohl seiner Professoren als auch seiner Verlobten - trug dazu bei, daß sich Kurt Waldheim nach und nach von den Anschauungen seiner Familie löste und aus dem Tullner Nazi-Gegner ein Mitläufer des Nazismus wurde. Er wurde zu einem zwar kleinen, aber wesentlichen Rädchen in der NS-Kriegs- und Terrormaschine.

Eine deutschnationale Dissertation

Obwohl er sie erst 1944 eingereicht hatte, entsprach Waldheims Dissertation "Die Reichsidee bei Konstantin Frantz" ideologisch noch den Positionen, die er als Student vertreten hatte. Das Thema wurde ihm vom Professor für Völkerrecht Alfred Verdross-Droßberg, der an der Wiener Universität die katholisch-deutschnationale Richtung vertrat, gestellt. Dieser hatte auf dem denkwürdigen gesamtdeutschen Katholikentag Österreichs im September 1933, bei dem sich die führenden Persönlichkeiten des österreichischen Katholizismus zur österreichisch-katholischen Variante "gesamtdeutscher" Reichsvorstellungen bekannten, das Hauptreferat zum Thema "Christus und das Abendland" gehalten.

Alfred Verdross-Droßberg wollte der Reichsidee eine theologische Begründung geben, indem er sie mit dem "mystischen Leib Jesu" gleichsetzte. Diese Idee war neu, denn bisher war immer nur die Kirche, nie aber ein weltliches Reich mit dem Leib Jesu gleichgesetzt worden. Die Allianz zwischen Vertretern der Idee vom "mystischen Reich" und anerkannten Ideologen des Nationalsozialismus wie Alfred Rosenberg dauerte nicht allzu lange. In dem Maße, in dem das heidnische Element in der NS-Mythologie überhand nahm und sich die Beziehungen zwischen Nazis und Katholiken verschlechterten, trennten sich die meisten "NS-Katholiken" vom Nationalsozialismus. Einige unter ihnen schlossen sich dem Widerstand an, andere zogen sich enttäuscht in eine Haltung des Schweigens zurück.

Zu dem Zeitpunkt aber, als Waldheim sein Dissertationsthema wählte, also kurz bevor er einrücken mußte, war der Bruch noch nicht vollzogen, und die Wahl des Themas zeugt einmal mehr von Waldheims Fähigkeit, sich vollkommen der herrschenden Ideologie anzupassen. Andere Studenten, die weniger darauf bedacht waren, bei den Nazis gut angesehen zu sein, betrieben damals "neutralere" Forschungen, wieder andere, die sich aus Begeisterung über den Anschluß in den Dienst der nationalsozialistischen Wissenschaft gestellt, aber bald ihren Irrtum erkannt hatten, wechselten ostentativ das Thema. Albert Massiczek z.B. legte das Thema "Siedlungsgeschichte des nördlichen Niederösterreich" zurück und wandte sich einer Arbeit über den Jansenismus zu. Kurt Waldheim widmete seinerseits den Großteil seiner Heimaturlaube und die freien Stunden, die ihm seine Tätigkeit im Generalstab der Heeresgruppe E ließ, dem Studium der "Reichsidee bei Konstantin Frantz". Das Ergebnis seiner Bemühungen war eine 94 Seiten umfassende Arbeit, die Elisabeth Ritschel, seine Verlobte und in gewissem Sinne auch seine ideologische Lehrmeisterin, getippt hatte.

Vom wissenschaftlichen Standpunkt her gesehen ist diese Arbeit höchst mittelmäßig. Im wesentlichen paraphrasierte der Student ohne kritische Distanz die Schriften von Konstantin Frantz, wobei er recht oft auf die Anführungszeichen vergaß, wenn er ganze Abschnitte wörtlich übernahm. Heute würde der Verfasser für diese Fleißarbeit wohl nicht einmal den Magistergrad erhalten. Er verdankt (wie viele andere Doktoranden dieser Jahre) die nachsichtige Beurteilung durch seine Prüfer, die ihm den Doktortitel mit der Note "gut" zuerkannten, wohl dem Einsatz an der Front und den Bedingungen, unter denen die Arbeit entstanden war.

Der konservative preußische Staatsmann Konstantin Frantz (1817-1891), über den Kurt Waldheim also seine Dissertation verfaßte, war ein Mitarbeiter Bismarcks. Er trennte sich jedoch vom "eisernen Kanzler", als sich dieser für die Gründung eines deutschen Reiches unter Führung Preußens und der Hohenzollern, also unter Ausschluß Österreichs und der Habsburger aussprach. Konstantin Frantz setzte sich daraufhin für die Idee eines Großdeutschen Reiches, gegen die von Bismarck vertretene "kleindeutsche Lösung" ein. Für Frantz sollte das Reich die einzelnen Länder und Partikularismen transzendieren und den Kern einer west- und mitteleuropäischen Konföderation bilden. Sein vorrangiges Ziel war es, den Einfluß Rußlands, der asiatischen Macht, einzudämmen, "das nicht hinter die Donau, sondern hinter den Dnjestr zurückgedrängt werden muß". Unter diesem Gesichtspunkt ging es darum, alle anderen Völker der Reichsidee unterzuordnen. Der Prozeß der Kolonisierung und Assimilierung der slawischen Bevölkerung in Polen und auf dem Balkan sollte fortgeführt werden; die außerhalb des Reiches lebenden germanischen Völker, d.h. die Holländer, Flamen, Schweizer sollten ins Reich eingegliedert werden; die nicht-germanischen Mächte Frankreich, Spanien und Italien seien davon zu überzeugen, daß sie in Mitteleuropa nichts zu suchen hätten, sondern daß ihr Schicksal im Nahen Osten und in Afrika liege.

In einem der seltenen Abschnitte der Dissertation, in denen sich Kurt Waldheim zu persönlichen Betrachtungen versteigt, schreibt er in dem für ihn charakteristischen, verschnörkelten Stil: "Daß heute, nach Überwindung vieler von Frantz vorausgeahnter Schwierigkeiten und Hindernisse, die gesamtdeutsche Idee - wohl in strafferer Form als von Frantz gedacht - ihre Verwirklichung gefunden hat und daß bereits im Zuge der jetzigen großen Auseinandersetzung des Reiches mit der außereuropäischen Welt sich ein großartiges Zusammenwirken aller Völker Europas unter der Führung des Reiches gegen die von Frantz so richtig vorausgeahnte Gefahr aus dem Osten anbahnt, dürfte besser als weitere Worte beweisen, daß die Gedanken dieses Mannes eine über seine Zeit hinausragende Bedeutung haben...". Der Verfasser dieser Zeilen nahm damals "im Osten" an der "großen Auseinandersetzung" teil.

II

Die verheimlichten Jahre

Wir werden kämpfen bis zum Ende,
Bis den Teufel die Strafe ereilt,
Laßt uns der ganzen Welt beweisen,
Daß wir Jungen ihr Vertrauen verdienen.

Lied der jugoslawischen Partisanen

"1936, vor Beginn meines Studiums, diente ich ein Jahr lang als Freiwilliger in einem österreichischen Kavallerieregiment. Wie viele Österreicher in derselben Lage wurde ich von den NS-Behörden am Anfang des Krieges einberufen und konnte mich der Einberufung nicht entziehen. Ich wurde der Aufklärungsabteilung 45 (A-A 45) der Wehrmacht zugeteilt, einer Abteilung mit einer Kavallerieeinheit, der ich angehörte. Ich hatte nie Kontakte oder Verbindungen zu den mit Vernichtungsmaßnahmen beauftragten Einheiten. Ich selbst wurde an der Ostfront verwundet, war frontuntauglich und beendete meine Rechtsstudien an der Universität Wien, wo ich 1944 promovierte." Unter den zahlreichen Versionen von Waldheims gefälschter und verstümmelter Biographie ist die eben zitierte besonders aufschlußreich. Sie stammt aus einem persönlichen Brief des damaligen UNO-Generalsekretärs an den amerikanischen Kongreßabgeordneten Stephen J. Solarz, in dem jener auf die "verleumderischen" Gerüchte über seine Vergangenheit einging.[11]

Diesbezügliche Fragen waren dem ehrgeizigen und selbstsicheren Kurt Waldheim damals sehr lästig. Er war nämlich gerade dabei, sich um ein drittes Mandat an der Spitze der UNO zu bewerben. In seiner Autobiographie vermerkt er, daß er von verschiedenster Seite zu einer neuerlichen Bewerbung gedrängt worden sei.[12] In Wirklichkeit wurde seine Amtsführung zusehends kritisiert, und er fürchtete, seine "Verleumder" könnten die Gelegenheit nutzen, ihn an seiner schwachen Stelle anzugreifen. Die Wortwahl in seinem Brief an Solarz ist demgemäß sorgfältigst überlegt. Er leugnet jedweden Kontakt mit "Vernichtungstruppen", hütet sich aber zu präzisieren, wann und wo er mit diesen hätte zu tun haben können. Doch liegen zwischen der Erwähnung seiner Verwundung an der Ostfront und dem idyllischen Schluß bezüglich seines Studiums in Wien zwei Jahre, in denen sich zahlreiche Gelegenheiten zum Kontakt mit "Vernichtungstruppen" boten: seine Dienstzeit auf dem Balkan.[13]

"Ich möchte mich bei meinen Freunden in den Vereinigten Staaten und in Österreich wirklich entschuldigen, diese Periode nicht erwähnt zu haben. Wenn ich sie irregeführt habe, tut es mir leid. Ich entschuldige mich." Am 13. April 1986 bekannte Waldheim im amerikanischen Fernsehen (CBS News, Sixty Minutes) ein, daß er Fehler begangen habe. Doch zwei Monate später, als er nach seinem Wahlsieg von einer französischen Rundfunkanstalt (Europe 1, 16. 06. 1986) befragt wurde, gab er zwei Gründe dafür an, warum er diese entscheidenden Jahre nicht erwähnt habe. Zum einen habe er geglaubt, daß dieses "Detail" niemanden interessiere, zum anderen sei an seiner Dienstzeit in Jugoslawien und Griechenland nichts Ungewöhnliches: "Es war Krieg. Ich war ein junger Mann von 20, 22 Jahren. Krieg ist Krieg. Der Gegner der deutschen Wehrmacht auf dem Balkan waren die Partisanen. Es war Krieg, das war eine militärische Auseinandersetzung."

Eine derartige Banalisierung der Ereignisse in diesem Gebiet zwischen 1942 und 1945 dient Waldheim nicht nur dazu, sich selbst freizusprechen, sondern läßt auch seine Auffassung erkennen, daß sich die Wehrmacht damals wie jede andere kämpfende Armee verhalten habe. Nun ist aber die Brutalität der NS-Repression von Kozara bis zur Deportation der Juden aus Saloniki allgemein bekannt, und gerade deshalb hat Waldheim bis zum Ende versucht, seine militärische Laufbahn an der Ostfront in Rußland enden zu lassen. Sicherlich hat Waldheim viele Einzelheiten seiner Tätigkeit auf dem Balkan vergessen, wie seine mühsamen Versuche, die Geschichte für die verschiedensten Journalisten zu rekonstruieren, gezeigt haben; seine lange dauernde Tätigkeit an einer der maßgeblichen Fronten des NS-Expansionismus aber kann er nicht vergessen haben.

Die Anfänge in der Wehrmacht

Nein, seine Laufbahn unter der Hakenkreuzfahne endete nicht am 17. Dezember 1941, als er "durch einen Granatsplitter am rechten Knöchel verletzt" und im Reservelazarett von Minsk gepflegt wurde.[14] Vorher hatte Kurt Waldheim als Einjährig-Freiwilliger beim Dragonerregiment I in Stockerau gedient (vom 1. September 1936 bis zum 31. August 1937). Im Sommer 1938, nach dem Anschluß, als der unabhängige Staat Österreich von den Landkarten verschwunden war, wurde der junge Waldheim zwecks Umschulung auf deutsches Kommando an die Kavallerieschule Crampnitz bei Berlin abkommandiert. Im Oktober war er mit seiner Einheit, der 4. Schwadron des Kavallerie-Regiments 11, an der Besetzung des Sudetenlandes beteiligt. Einen Monat später, am 18. November, wurde er offiziell in die SA-Reiterstandarte 5/90 aufgenommen, die in der Schüttelstraße 19 im 2. Wiener Gemeindebezirk ihr Hauptquartier hatte.

Im Sommer 1939 rückte Unteroffizier Waldheim bei der Kavallerie-Ersatzabteilung 11 in Stockerau ein. Im Frühjahr 1940 wurde er mit der Aufklärungsabteilung 45 (A-A 45) der 45. Infanteriedivision, in Vorbereitung auf den Frankreich-Feldzug, nach Homberg (Hessen) verlegt. Während eines Heimaturlaubs beendete er sein Studium und legte beim Oberlandesgericht Wien die Referendarprüfung ab. Auf einem Fragebogen mit Datum vom 24. April 1940, der sich im Archiv des Oberlandesgerichts befindet, beantwortete Waldheim die Frage nach der Zugehörigkeit zur NSDAP mit: "noch nicht möglich, da beim Militär". Von Wien aus kehrte er zu seiner Einheit zurück, die seit dem 25. Mai im Frankreichfeldzug im Einsatz war. Im Dezember wurde er zum Leutnant befördert.

Nach dem Frankreich-Feldzug wurde seine Einheit, die Aufklärungsabteilung 45, unter ihrem Kommandeur, dem späteren Kosaken-General Hellmuth von Pannwitz, an die polnisch-russische Grenze verlegt. Ab dem 6. April 1941 befehligte Waldheim den 1. Zug der Reiterschwadron dieser Abteilung. Sein kämpferischer Einsatz steht außer Zweifel: Am 3. Juli 1941, nach dem Fall von Brest-Litowsk, wurde er mit dem Eisernen Kreuz II. Klasse ausgezeichnet. Am 18. August 1941 erhielt er das Kavallerie-Sturmabzeichen, später, im März 1942, die Ostmedaille.[15] Am 8. Oktober übernahm er das Kommando der Reiterschwadron.

Zwar machte ihn seine Kriegsverletzung nicht wieder zum Studenten und anonymen Zivilisten, doch brachte sie ihn in seine Heimat zurück. Am 15. Jänner wurde er ins Militärkrankenhaus XXIII C (Rudolfsspital) in Wien überstellt. Am 6. März wurde er für wieder einsatzfähig erklärt und zum Kavallerieregiment 11, bei dem er im Oktober 1938 im Sudetenland gedient hatte, abkommandiert. Doch bereits acht Tage später, am 14. März, wurde er zum Armeeoberkommando 12 (AOK 12, später Heeresgruppe E) nach Belgrad versetzt. Wie Tausende junger Offiziere entgeht der Kavallerieoffizier dem Einsatz in einer Truppe an der Front und wird einem Generalstab zugeteilt, und zwar einem Kommando, das namentlich mit der Kampfgruppe Westbosnien einen entscheidenden Einfluß auf den weiteren Kriegsverlauf nehmen wird.

Vernichtungsfeldzug gegen die jugoslawischen Partisanen

Kurz nach seiner Versetzung wurde Kurt Waldheim als Verbindungsoffizier und Dolmetscher dem Führungsstab der Kampfgruppe Bader in Pljevlja zugeteilt.[16] Dieser Stab befehligte deutsche, kroatische und italienische Einheiten, welche die Aufgabe hatten, das Gebiet zwischen Sarajewo, Dubrovnik und Pljevlja von den Partisanen zu "säubern". Im April 1941 war Jugoslawien zerstückelt und zwischen Deutschland, Italien, Bulgarien und Albanien aufgeteilt worden. Die Nazis hatten zwei Marionettenregime, unter dem Kroaten Pavelić und dem Serben Nedić eingesetzt, kontrollierten aber effektiv das Land. Die 342. Division der Wehrmacht war zur Unterstützung der Kampfhandlungen gegen die Partisanen aus Frankreich abgezogen worden. Am 29. November mußten die von Tito angeführten Partisanen die "Republik Uzice" räumen, ein Gebiet, das sie bis dahin gegen die vordringende Wehrmacht hatten verteidigen können.[17] Nach ihrer Niederlage in der Schlacht um Pljevlja am 1. Dezember zogen sich die Partisanen bis an die Drina zurück.

Waldheim war damals vor allem als Dolmetscher zwischen dem deutschen und dem italienischen Generalstab tätig. Er sprach gut Italienisch, ebenso Englisch und Französisch, und erwarb sich sogar Kenntnisse in Serbokroatisch.[18] Doch selbst im Rahmen dieser sehr spezialisierten Tätigkeit konnten Waldheim die Brutalität der Auseinandersetzungen und die Härte der Besatzungspolitik nicht verborgen bleiben. Am 23. Mai 1942 verzeichnete ein offizieller Bericht, daß "durch die Aktionen der Kampfgruppe General Bader, ‚Trio I' und ‚Foca' die Aufstandsbewegung im deutschen Raum Ostbosniens zerschlagen" wurde. Zu jener Zeit waren die Richtlinien der Wehrmacht für Vergeltungsmaßnahmen an der Zivilbevölkerung in Kraft: "Erschießung von 100 Serben für einen deutschen Gefallenen, von 50 Serben für einen deutschen Verwundeten."

Die Richtlinien des Oberbefehlshabers der 12. Armee vom 19. März 1942 ließen nichts an Deutlichkeit zu wünschen übrig: "Schon bei den geringsten Anmaßungen, Widerwilligkeiten oder Vergehen gegen das Waffenverbot ist sofort mit den abschreckendsten Mitteln zu bestrafen. Die Truppe muß hierzu zu unbedingter Härte erzogen werden. Je eindeutiger und härter die Sühnemaßnahmen von Anfang an angewendet werden, desto weniger werden sie später nötig sein. Keine Gefühlsduselei! Es ist besser, daß 50 Verdächtige liquidiert werden, als daß ein deutscher Soldat zugrunde geht!"

Im Juni wurde Leutnant Waldheim dem Generalstab der Kampfgruppe Westbosnien zugeteilt. Auf einer Rangliste von 34 Offizieren, die sich besonders ausgezeichnet haben, wird er an 25. Stelle geführt.[19] Der Kriegsschauplatz hatte sich innerhalb Jugoslawiens verlagert. Die in Banja Luka, nordwestlich von Pljevlja, stationierte Kampfgruppe Westbosnien, die aus Teilen der aufgelösten Kampfgruppe Bader bestand, sollte nun das Widerstandsnest im Kozara-Gebirge ausheben.

Unter dem Oberbefehl des Generalmajors Friedrich von Stahl standen 72 000 Mann (darunter 18 000 Kroaten), die bald eine der heftigsten Schlachten des Zweiten Weltkriegs auf einem Gebiet von rund 50 km^2 austragen sollten. In einem Interview mit der jugoslawischen Zeitung "Vecernje Novosti" vom 2. April 1986 hat Kurt Waldheim seine vorherigen Erklärungen widerrufen und behauptet, er sei damals in Pljevlja geblieben. Dreizehn Tage später erzählte er der italienischen Zeitung "La Repubblica", er habe sich zwar in Banja Luka aufgehalten, habe aber seine Zeit in Gesellschaft des italienischen Generals Esposito in einer Konditorei mit Plaudern und Kartenspielen verbracht. Seine Funktion habe sich auf Verbindungsaufgaben zwischen dem deutschen Generalstab und den italienischen Truppen beschränkt. Diese aber haben, nach Ansicht aller Historiker, an der Kozara-Offensive nicht teilgenommen.[19a]

Der Ausgang dieser Offensive war für das Dritte Reich von höchster Bedeutung. Die Lage des jugoslawischen Widerstands schien aussichtslos: "Er verfügte nur mehr über eine begrenzte Anzahl von Stützpunkten, die Partisanengruppen im Gebiet zwischen Montenegro und Bosnien-Herzegowina sowie einige in Westbosnien kämpfende Einheiten."[20] Im nachhinein versuchte Kurt Waldheim die Bedeutung dieser Offensive und besonders die Grausamkeit, mit der die Zivilbevölkerung behandelt worden war, zu verharmlosen. In einer Verlust-Bilanz der Wehrmacht vom 29. August 1942 werden 4735 "Aufständische" und 71 deutsche Soldaten als tot verzeichnet; der Bericht verschweigt aber die Zahl der Opfer von Vergeltungsmaßnahmen und erwähnt in keiner Weise die 68 000 Landbewohner - vorwiegend Frauen und Kinder - die in Konzentrationslager verschleppt worden sind.[21] Für Waldheim hat es sich in Kozara, wie er am 25. März 1986 im österreichischen Fernsehen erklärte, nicht um Massaker gehandelt. "Das ist ein Unsinn. Es hat sich nicht um Massaker gehandelt, es sind damals heftige Kämpfe ... es war ein grausamer Krieg"! Als sich der österreichische Präsidentschaftskandidat der tiefen Spuren bewußt wurde, die diese Episode im jugoslawischen Nationalbewußtsein bis heute hinterlassen hat, äußerte er sich vorsichtiger. Doch haben mehrere jugoslawische Journalisten gerade deshalb beschlossen, in den Archiven nachzuforschen, weil für sie eine Beteiligung an den

Schlachten um Kozara und Sutjeska ein schwerwiegender Hinweis auf eine mögliche Schuld Waldheims zu sein schien. "Kozara", sagte uns in Belgrad Iovan Kessar, Reporter von "Vecernje Novosti", "symbolisiert die ganze Grausamkeit dieses Krieges, die endgültige Zerstückelung Jugoslawiens und den Freibrief für die kroatischen Faschisten, alte Rachegelüste zu stillen."

Ein sehr aktiver Dolmetscher

Am 22. Juli 1942 erhielt Leutnant Kurt Waldheim die König-Zvonimir-Medaille in Silber mit Eichenlaub, eine Auszeichnung des von den Nazis abhängigen kroatischen Marionettenregimes. Sie wurde ihm für "heldenhafte Tapferkeit im Kampf gegen die Aufständischen im Frühjahr und Sommer 1942" verliehen. In seinem am 12. April veröffentlichten Plädoyer erklärte Waldheim, diesen Orden habe jeder bekommen, und er sei ihm für seine Tätigkeit vor den Ereignissen von Kozara verliehen worden, obwohl das offizielle Dokument das Gegenteil behauptet.

Es ist nicht sehr einsichtig, aus welchem Grund ein deutscher Offizier, der in Pljevlja stationiert war, von den kroatischen Behörden, deren Aktionsbereich viel weiter westlich lag, ausgezeichnet werden sollte. Auf der zwölf Personen umfassenden Verleihungsliste, in der Generalmajor Stahl offiziell festhält, daß die Medaillen ausgehändigt wurden, wird Waldheim an dritter Stelle aufgeführt. Nach dem renommierten Historiker Bogdan Kryszman, dem besten Kenner des faschistischen Staates Kroatien, wurde der König-Zvonimir-Orden nicht leichtfertig vergeben. Die einfache Tatsache, daß Waldheim diesen Orden bekommen und angenommen hat, bedeutet für Kryszman, daß dieser unwürdig gewesen sei, an der Spitze der Vereinten Nationen zu stehen. Diese Medaille wurde ja außerdem "mit Eichenlaub" verliehen, das heißt für besondere "Tapferkeit vor dem Feind".

Bis zu diesem Zeitpunkt kann man Kurt Waldheim zugestehen, nicht mehr als ein einfacher Befehlsempfänger, ein "Mann ohne Eigenschaften" innerhalb der furchtbaren deutschen Kriegsmaschinerie gewesen zu sein. Allerdings dürfte er sehr eifrig gewesen sein, denn er wurde kurz nach Antritt eines viereinhalbmonatigen Studienurlaubs am 19. November 1942 zum Oberleutnant der Reserve befördert. Sein Vorgesetzter während der "Aktion Schwarz" im Jahre 1943, Oberstleutnant Bruno Willers, sagt von ihm, er sei "ein Offizier, der seine Pflicht erfüllte, ein diskreter, zurückhaltender Mann" gewesen. Ein anderer seiner Vorgesetzten, Herbert Warnstorff, lobte ihn als einen Offizier, "der tat, was man von ihm erwartete, d.h. eine sehr zufriedenstellende Arbeit".[22]

Als Kurt Waldheim die Balkanfront verließ, stand der Krieg in diesem Gebiet vor einer entscheidenden Wende. Nach mehreren ernsthaften Rückschlägen beschlossen die 38 in Jugoslawien aktiven "proletarischen Brigaden" im November 1942, alle Partisanengruppen in der "Nationalen Befreiungsarmee und den Partisanenkommandos Jugoslawiens" zusammenzuschließen. Neun Divisionen von je drei- bis viertausend Mann und zwei Armeekorps von ungefähr zehntausend Mann wurden aufgestellt.[23] Trotz der nun traditionelleren Struktur der bewaffneten Widerstandskräfte hielt Tito an der Guerilla-Taktik fest: "Wir dürfen die Einkreisung heute nicht mehr fürchten als zu der Zeit, da wir über weniger Einheiten verfügten. Jeder Gebietsverlust muß die Eroberung eines anderen, größeren und wichtigeren Gebiets nach sich ziehen." Um die Bedeutung dieses Konflikts zu ermessen, sei daran erinnert, was die BBC am 21. Februar 1943 von London aus erklärte: "Die jugoslawischen Partisanen konstituieren gegenwärtig die einzige im Kampf befindliche organisierte militärische Kraft in Europa..."

Angesichts der Neuorganisation des Gegners änderte auch die Wehrmacht ihre Organisation. Am 1. Januar 1943 wurde die 12. Armee, der Waldheim angehörte, in die Heeresgruppe E umgewandelt, deren Generalstab in Arsakli, in der Nähe von Saloniki, im Norden Griechenlands, stationiert war. Hitler stellte einen ausdrücklichen Zusammenhang zwischen der Niederschlagung des kommunistischen Widerstands in Griechenland und Jugoslawien und der Offensive gegen die Sowjetunion her: "Wenn dieser Kampf gegen die Banden sowohl im Osten wie auf dem Balkan nicht mit den allerbrutalsten Mitteln geführt wird, so reichen in absehbarer Zeit die verfügbaren Kräfte nicht mehr aus, um dieser Pest Herr zu werden. (...) Dieser Kampf hat nichts mit den Grundsätzen der Ritterlichkeit oder den Verpflichtungen nach der Genfer Konvention zu tun."[24]

Die härtere Vorgangsweise der Deutschen hatte zur Folge, daß sich das Kräfteverhältnis zwischen den deutschen und den italienischen Besatzungstruppen veränderte. Bis dahin stellte sich die Lage folgendermaßen dar: "Die Besatzer hatten die von den bürgerlichen Führern der Zwischenkriegszeit angefachten Streitigkeiten zwischen den Völkern Jugoslawiens ausgenützt, um den Bruderkrieg zwischen ihnen weiter zu schüren. So begingen die Ustaschi, mit Billigung der deutschen Behörden, die ersten Massaker an Serben, während der katholische Klerus die serbische Minderheit Kroatiens zwang, zum

Katholizismus überzutreten. Deutschland, das die reichsten Gebiete und die strategischen Verkehrsverbindungen kontrollierte, behielt sich die führende Position vor. Italien hatte bedeutend weniger erhalten. Die zwei Verbündeten versuchten, die Bevölkerung in den besetzten Gebieten in erster Linie für Arbeiten in der Industrie sowie im Dienst der Armee einzusetzen und die natürlichen Reichtümer Jugoslawiens ihren Kriegserfordernissen gemäß auszubeuten."[25]

Da die italienische Armee mit den serbisch-nationalen Freischärlern, den "Tschetniks", zusammenarbeitete und diesen auch Waffen zur Verfügung stellte, kam es zu Konflikten mit dem deutschen Generalstab, der die Tschetnik-Verbände ausschalten wollte. So wurden auch die Übersetzertalente Waldheims, als dieser am 31. März als Generalstabsoffizier zur Heeresgruppe E zurückkehrte, für diese heiklen Unterhandlungen beansprucht.

Fehlende historische Belege erlauben es nicht, die Aktivitäten Waldheims während seiner ersten zwei Monate im Stab des Generals Alexander Löhr zu bestimmen. Diese "Lücke" gibt zu denken, da sie mit dem Beginn der Deportationen der Juden aus Saloniki zusammenfällt. Es ist jedenfalls sicher, daß General Löhr, der selber Österreicher war, seinen Untergebenen gut kannte und nicht zögerte, ihm wichtige Missionen anzuvertrauen. Am 22. Mai 1943 war Waldheim, wie ein Foto beweist, auf dem Flugfeld von Podgorica (heute Titograd) in Montenegro. Der Verbindungsstab der Wehrmacht, der vorher in Tirana stationiert gewesen war, wurde vor allem deshalb hierher verlegt, um die italienischen Truppen für eine Mitwirkung an der gegen die Partisanen eingeleiteten "Aktion Schwarz" zu gewinnen.

Waldheim behauptet, nie in diese Aktion, in der ab 15. Mai 72 000 deutsche Soldaten eingesetzt waren, verwickelt gewesen zu sein. Doch diente das Treffen am 22. Mai in Podgorica einzig dem oben genannten Ziel. Oberst Joachim Macholz und Leutnant Waldheim verhandelten mit dem italienischen General Escola Roncaglia, um ihn zu überreden, vorbehaltlos bei der Aktion mitzumachen. Besonders schwer wiegt in diesem Zusammenhang, daß an diesem Treffen auch der Kommandant der SS-Division "Prinz Eugen", der General der Waffen-SS Arthur Phleps teilnahm. Seine rücksichtslose Vorgangsweise bei der Vernichtung des kleinen jugoslawischen Dorfes Kosutica hatte selbst den SS-Oberführer Werner Fromm schockiert. Kurt Waldheim hat sich nur an "Meinungsverschiedenheiten" zwischen Roncaglia und Macholz erinnert. Es ging aber ganz konkret darum, die Italiener dazu zu bringen, sich an den Unterdrückungsmaßnahmen, "auch gegen Frauen und Kinder" (wie ein Tagesbefehl der Wehrmacht vom 16. Dezember 1942 präzisierte), an der Seite der Truppen des Generals

Phleps, eines ehemaligen Offiziers der kaiserlich-königlichen Armee, zu beteiligen.

Während im Laufe eines Monats mehr als 16 000 Menschen getötet wurden - mehrheitlich bei blinden Vergeltungsmaßnahmen -, bekleidete Waldheim die Funktion eines Ordonnanzoffiziers, d.h. eines mit "Sonderaufgaben" betrauten Generalstabsoffiziers. Vierzig Jahre später "ist (ihm) nichts in Erinnerung".[26] Eine seiner Aufgaben bestand möglicherweise darin, der von den Partisanen eingeleiteten Demoralisierungskampagne bei den Offizieren der 14. italienischen Armee entgegenzuwirken. Diese Kampagne erwies sich als zunehmend erfolgreich. In einem Flugblatt vom 11. Juli 1943 etwa heißt es: "Italienische Brüder, schließt euch unserer Befreiungsarmee an, kämpft in unseren Reihen! Der entscheidende Moment ist gekommen, wo alle aufrichtigen, patriotischen und antifaschistischen Menschen, ungeachtet ihrer Staatszugehörigkeit, sich zum Kampf um die Freiheit zusammenschließen müssen!"

Die militärische Laufbahn Kurt Waldheims verläuft also parallel zur Entwicklung der Feindseligkeiten: Zuerst mit gewöhnlichen Übersetzeraufgaben betraut, ist er bald direkt in wichtige Missionen verwickelt und zeichnet sich schließlich in der "psychologischen" Arbeit gegenüber italienischen Truppen aus. Zwar ist er weder ein großer Redner noch eine unangefochtene Autorität, doch legt er jenes pedantische Pflichtgefühl an den Tag, jenen unwiderstehlichen Hang zur Mittelmäßigkeit, den Robert Musil seinerzeit bei den österreichischen Beamten feststellte, jene Kälte des Technokraten, mit der er die italienischen Truppen beeindrucken konnte, die mit Desorganisation und Zweifeln zu kämpfen hatten. Anfang Juli kehrte Waldheim nach Arsakli zurück.

Die Zeit der Judendeportationen aus Saloniki

Der Generalstab der Heeresgruppe E hatte seinen Sitz in Arsakli. Der Name dieses Ortes bedeutet "Panorama", und inzwischen wurde dort eine Aussichtsterrasse gebaut, von der aus man einen schönen Blick über den großen griechischen Hafen von Saloniki genießt. Waldheim jedoch behauptet, er habe nie gesehen, wie Juden in Saloniki zusammengetrieben wurden, da er "oben in den Bergen gesessen sei." Vor dem Krieg zählte die jüdische Gemeinde in Saloniki 65 000 Seelen, zu denen man mehrere kleine, in der Umgebung verstreute Gruppen von Juden hinzuzählen muß. Am 15. Jänner 1943 wurde in Saloniki eine Sitzung einberufen, zu der Offiziere der Heeresgruppe E und des Sicherheitsdienstes geladen waren, um die Errichtung eines Ghettos und die Durchführung der Deportationen zu planen. Außer Generaloberst Löhr waren der Kriegsverwaltungsrat Max Merten, der Sonderbeauftragte des Berliner Büros IV B 4, Dieter Wisliceny und dessen Mitarbeiter Alois Brunner (ein Landsmann Waldheims, der für die Deportation Wiener Juden verantwortlich war) mit der Ausführung des Plans beauftragt.

A. Kedros, ein griechischer Zeitgeschichtler, führt dazu in seinem Standardwerk folgendes aus: "In seinem Prozeß im Februar und März 1959 hat Max Merten (der in Griechenland verhaftet wurde, als er dort auf Urlaub war!) erklärt, er sei im Jänner 1943 nicht vom SS-Obersturmbannführer Rolf Günther, dem rechten Arm Eichmanns "kontaktiert" worden, wie Wisliceny beim Nürnberger Prozeß ausgesagt hatte, sondern von Eichmann selber. Wie dem auch immer sei, die Juden von Saloniki waren, nach dem Befehl MV 1237 vom 6. Februar 1943, verpflichtet, in gewissen, als Ghettos bezeichneten Vierteln zu leben und ab dem fünften Lebensjahr den gelben Stern zu tragen. In demselben, von Merten unterzeichneten Dokument, das Wisliceny und Brunner mit der Durchführung beauftragt, wird das Inkrafttreten der beschlossenen Maßnahmen mit spätestens 25. Februar festgesetzt (...).

Die ersten Deportationen fanden am 15. März 1943 statt. Die Deutschen begannen mit den kleinen, aber sehr alten jüdischen Gemeinden von Florina, Verria und Langada. Mehr als 10 000 Juden wurden in plombierten Waggons nach Auschwitz und in andere Vernichtungslager abtransportiert. Ein wenig später ereilte die thrakischen Gemeinden dasselbe Schicksal. Ebenfalls am 15. März erhielten der Großrabbiner Dr. Koretz und der Rat der Gemeinde den Befehl, allen beweglichen und unbeweglichen Gemeindebesitz zu veräußern und den Erlös sowie alle Bankguthaben zur Verfügung der deutschen Behörden zu halten. Dieser Zwangsverkauf war nicht nur für die Deutschen, sondern auch für griechische Kollaborateure aller Art und für skrupellose Spekulanten eine Gelegenheit, sich zu bereichern. Nach Aussagen von Max Merten hätten auch der ehemalige griechische Ministerpräsident Karamanlis und seine Familie davon profitiert. Nachdem Merten in Saloniki 1959 - also während der Regierungszeit desselben Karamanlis - zu einer lächerlich geringen Strafe verurteilt worden war, hat er nach seiner Freilassung nicht gezögert, seinen vermeintlichen Beschützer ,mit hineinzuziehen'.

Einige wenige unter den 80 000 Deportierten, die sich auf die griechisch-spanische Doppelstaatsbürgerschaft berufen konnten, wurden nach Spanien ausgewiesen. Viele von ihnen haben bis zur Befreiung überleben und nach Griechenland zurückkehren können. Die überwältigende Mehrheit der griechischen Juden aber wurde ins Vernichtungslager Auschwitz verschleppt, wo ein Transport nach dem anderen in den Gaskammern liquidiert wurde. Etwa 5000 griechische Juden, die von dem berüchtigten KZ-Arzt Mengele verschont worden waren, wurden im Oktober 1943 nach Warschau gebracht, wo sie die Trümmer des von den Deutschen nach dem Aufstand der Juden am 19. April 1943 völlig zerstörten Ghettos beseitigen mußten. Dabei wurden sie von der polnischen Erhebung vom 1. August 1944 überrascht. Sie nahmen daran teil, und die meisten fielen mitten in der Stadt. Die wenigen Überlebenden kämpften weiter an der Seite der Polen, in der Nähe des Flusses Polski, bis die Deutschen auch des letzten Widerstandes Herr wurden. Nach dem tragischen Ende der Erhebung konnten sich nur einige ehemalige Deportierte in einem Unterschlupf verstecken, den sie mit eigenen Händen erbaut hatten. Im Jänner 1945 schließlich wurden sie von der anrückenden sowjetischen Armee gerettet."[27]

"Auch im Offizierskasino war von Judendeportationen nie die Rede", behauptet Kurt Waldheim (Der Spiegel, 14. April 1986). Diese makabre und unfreiwillig ironische Behauptung stimmt nicht mit der Meinung der Spezialisten überein. Hagen Fleischer, deutschstämmiger Historiker an der Universität von Kreta, versichert im Gegenteil, daß "die Deportation der 50 000 Juden von Saloniki, die bis August 1943 angedauert hat, selbst unter einfachen deutschen Soldaten Gesprächsthema war und einem selbst neuen Mitglied des Generalstabs nicht verborgen bleiben konnte, zumal wenn dieses sich der besonderen Wertschätzung seines Landsmanns Löhr erfreute."[28]

Viele Männer wurden eingesetzt, um die Juden aufzuspüren, die Ghettos zu beaufsichtigen und die Transporte zu überwachen. Anfang Juli 1943 wurde in Arsakli das Personal für einen zu errichtenden deutschen Generalstab beim italienischen Armeeoberkommando Nr. 11 gesammelt und kurz darauf zu seinem Sitz in Athen überstellt. Kurt Waldheim nahm bei diesem Stab die Funktion des O1, also des Stellvertreters des Leiters der Gruppe Ia, Bruno Willers, ein. Das war ein durchaus wichtiger Posten, was hinlänglich beweist, wie sehr Waldheims Dienste von General Löhr geschätzt wurden. Nach dem Handbuch für den Generalstabsdienst, Vorschrift Nr. 92, war die Abteilung Ia für alle operativen Aufgaben zuständig und konnte bei Abwesenheit des Kommandanten und des Chefs des Generalstabs selber Beschlüsse fassen.

Die Aufgaben Waldheims bezogen sich natürlich nur auf die gemeinsamen deutsch-italienischen Operationen. Dabei handelte es sich aber keineswegs um reine Routineangelegenheiten. Am 8. August 1943 etwa gab die Dienststelle Waldheims den geheimen Führerbefehl weiter, der die sofortige Erschießung "der im Kampf gestellten Banditen" (Partisanen) und den "Abschub der Bandenverdächtigen" in Sauckel-Arbeitslager in Deutschland anordnete. Diese Verfügungen werden nach der Charta des Nürnberger Gerichtshofs als Verbrechen gegen die Menschlichkeit und als Kriegsverbrechen betrachtet. Vom 19. Juli bis zum 21. August 1943 war der Oberleutnant auch für die Führung des Kriegstagebuches zuständig. Nach Waldheim hat es sich dabei um "Routinearbeit" gehandelt; zumindest war es aber eine Tätigkeit, die einen guten Überblick über die Operationen der Achse auf dem Balkan und möglicherweise auch über die Deportationen der Juden erlaubte.

Ausschaltung der einstigen Verbündeten

Als Verbindungsoffizier beim italienischen Generalstab befaßte sich Waldheim mit der Frage der "Säuberungsaktionen" und Deportationen, denn die deutsche Armee hatte alle Mühe, ihre italienischen Verbündeten dazu zu bewegen, mit vollem Einsatz bei der "Endlösung" mitzumachen. Wenn sie eine direkte Beteiligung der Italiener an den Operationen nicht erreichen konnten, bemühten sich die Verbindungsoffiziere der Wehrmacht, die für die Erreichung ihrer Ziele nützlichen Informationen bei den Italienern zu sammeln. So schrieb Waldheim am 15. August 1943 folgenden Funkspruch der 1. Gebirgsdivision auf und zeichnete für die "Richtigkeit": "Aus V-Meldungen und italienischen Angaben verstärkt sich Eindruck starker Bandenzusammenziehungen im Raum südostwärts Arta (...). Haltung der Zivilbevölkerung bleibt abwartend. (...) Joannina und dort auftretendes jüdisches Komitee als vorbereitendes Zentrum einer Aufstandsbewegung anzusehen. Selbst in Fällen nachgewiesener Bandenunterstützung greifen Italiener nicht durch (...)."

Am 8. September 1943 erfolgte mit dem Waffenstillstand Badoglios die Kapitulation Italiens. Aus den Gesprächspartnern von gestern, mit denen es sich in der Sprache Dantes gut scherzen ließ, waren Verräter geworden. Kurt Waldheim, der ihre zögernde Haltung aus der Nähe beobachtet hatte, machte seinem Ruf als pedantischer Befehlsempfänger, dem Pflichterfüllung über alles ging, alle Ehre. Am 22. September 1943 übermittelte er dem Oberleutnant Frey vom Generalstab der Heeresgruppe E einen detaillierten Bericht über die noch in der

Umgebung Athens stationierten italienischen Truppen. Er empfahl, 4600 der 27 000 Soldaten und Offiziere als "Arbeitskräfte" dazubehalten, die anderen dagegen in Lager nach Deutschland zu schicken.

Viele andere Italiener befanden sich in Internierungslagern, und der Generalstab, dem Waldheim angehörte, beschäftigte sich nun, nachdem er zuvor die "freundschaftliche" Verbindung mit der 11. italienischen Armee aufrechterhalten hatte, ganz einfach mit deren Liquidierung. Sic transit gloria mundi! Anfang Oktober konnte Generalmajor von Gyldenfeldt melden, daß mehr als 100 000 Ex-Verbündete deportiert worden waren. Es war Waldheim, der des öfteren dem Hauptquartier die Zahl der Züge angegeben hatte, die für diese schonungslosen Maßnahmen gegenüber den früheren Verbündeten gebraucht wurden.[29]

Nach Hagen Fleischer "hatte Waldheim an den Verhandlungen, die der Übergabe der 11. italienischen Armee vorausgingen, teilgenommen. Anschließend hat er persönlich italienische Gefangene verhört, als die Deutschen aus Furcht, diese könnten desertieren und zu den Widerstandskämpfern überlaufen, Strafaktionen gegen ihre ehemaligen Verbündeten unternahmen, wie z.B. in Epirus mit der ‚Aktion Spaghetti', wie sie abfällig genannt wurde."

In der geheimen Arbeitseinteilung des Generalstabs der Heeresgruppe E vom 1. Dezember 1943 wird Waldheim, der endgültig nach Arsakli zurückgekehrt war, als Offizier "O 3" in der Abteilung Ic/AO geführt. Sein direkter Vorgesetzter war Oberstleutnant Warnstorff. Die militärische Logik ist von bestechender Einfachheit: Italienisch-Dolmetscher werden nicht mehr gebraucht, und so wird der junge Österreicher, dem schon sehr heikle Missionen anvertraut worden waren, in den strategisch wichtigen Bereich der Nachrichtengewinnung über die Feinde übernommen.

In seiner Rechtfertigungsschrift in Form eines Memorandums betont Kurt Waldheim, daß die Abteilung Ic keine Befehlsgewalt ausübte, und daß er seine Zeit damit zubrachte, auf den Papieren, die auf seinen Schreibtisch kamen, den Vermerk "für die Richtigkeit der Ausfertigung" anzubringen. Zwar gibt er zu, "zwei oder drei Mitarbeiter" für die Erledigung dieser nicht allzu schwierigen Arbeit gehabt zu haben, leugnet aber jedwede regelmäßige Verbindung mit der Abwehr, indem er auf den Schrägstrich verweist, der die Abkürzung "Ic" von "AO" (Abwehroffizier) trennt (Ic/AO). Um den Grad seiner Verantwortung und den Umfang seines Wissens herunterzuspielen, gibt er vor, daß alle wichtigen Informationen direkt über die Abwehr und nicht über seine Abteilung "nach oben gingen". Vorher, am 25. März 1986 hatte er im österreichischen Rundfunk rundheraus erklärt: "Ich war kein Abwehroffizier." Es empfiehlt sich also, sich näher mit den bürokratischen Einzelheiten der Tötungsmaschinerie, wie sie die Wehrmacht darstellte, zu beschäftigen.

Nachrichtenoffizier im Generalstab des Generals Löhr

Nach der oben zitierten Diensteinteilung[30] umfaßte die Abteilung Ic/AO vier Posten: den Kommandanten, den O 3, den O 5, dem vor allem die Truppenbetreuung oblag und dem ein Dolmetscher unterstellt war (der nicht Waldheim war!) sowie den Verbindungsoffizier Ic/L. Major Hammer, Waldheims eigener Aussage nach der offizielle Repräsentant der Abwehr beim Generalstab, war gleichzeitig Vertreter des Kommandanten der Abteilung, also der direkte Vorgesetzte des Oberleutnants Waldheim, Ordonnanzoffizier O 3.

Die Agenden Waldheims (dem Leutnant Helmut Poliza zur Seite stand) werden in dem Dokument einzeln aufgeführt: morgens und abends Führung des Kriegstagebuchs; "Sonderaufgaben", eine Bezeichnung, hinter der sich in der Nazi-Terminologie die brutalsten Tätigkeiten verbargen; tägliche Lageberichte für den Generalstab sowie: Gefangenenvernehmung. Diese Aufgabe wird zweimal angeführt, was Waldheim nicht hinderte, später zu behaupten, er habe nie eine Geisel und keinen einzigen Kriegsgefangenen zu Gesicht bekommen.

Die "Military Intelligence Division" des Pentagon hat nach sorgfältiger Auswertung der Geheimberichte der Wehrmacht ein Organogramm der deutschen militärischen Abwehr erstellt, in dem die Rolle des O3 folgendermaßen analysiert wird: "Er assistierte dem leitenden Nachrichtenoffizier; er war zuständig für den gesamten Bereich der Feindaufklärung und die Kontrolle der Aufklärungs- und Abwehrabteilung; er überwachte die laufende Auswertung der Feindlagekarten und war zuständig für die Weitergabe der Informationen an die höheren Stellen."[31] Natürlich war er *auch* mit routinemäßiger Büroarbeit beschäftigt...

"Ich zögere nicht zu behaupten, daß Waldheim, zumindest in der letzten Besatzungsperiode, einer der bestinformierten Männer der deutschen Armee war (...), der die Politik der NS-Besatzer auf dem Balkan in allen Einzelheiten kannte - und es ist sogar wahrscheinlich, daß er bei Hinrichtungen in Jugoslawien selbst anwesend war." Diese Vermutung Hagen Fleischers überrascht keineswegs, wenn man die Aufgaben eines pflichtbewußten O3 in Rechnung stellt, und der Vorwurf, den Waldheim am wenigsten verdiente, wäre der mangelnden

Pflichtbewußtseins. Die Arbeit des jungen österreichischen Offiziers, eine große Zahl von Meldungen, die von unten kamen, zu zentralisieren, brachte ihn auch mit den führenden Offizieren der deutschen Armee auf dem Balkan zusammen. So sieht man ihn, im Oktober 1943, auf einem im Salon des Hotels Grande Bretagne in Athen aufgenommenen Photo zusammen mit Generalmajor Gyldenfeldt, seinem Vorgesetzten Oberstleutnant Willers und General Felmy. Er gehört also zum kleinen Kreis, in dem die Entscheidungen getroffen werden, steht aber nicht im Vordergrund - genauso wie auf dem von der griechischen Zeitung *To Vima* aufgefundenen Photo. So gehört er auch nicht zu denen, die nach dem Krieg zur Verantwortung gezogen wurden. Löhr und Wisliceny wurden in Jugoslawien und in der Tschechoslowakei, Eichmann in Israel zum Tode verurteilt und hingerichtet. Felmy wurde im Nürnberger Prozeß zu 15 Jahren Gefängnis verurteilt. Merten wurde von der griechischen Justiz zu 20 Jahren verurteilt, allerdings bald von der deutschen Regierung nach Deutschland zurückgeholt, wo er mehr oder weniger ungestört weiterlebte. Alle diese Männer hatten die Verantwortung übernommen, Kriegsverbrechen angeordnet zu haben; Waldheim aber müßte sich zu einer Verantwortung bekennen, ihnen die für ihre Entscheidungen notwendigen Informationen übermittelt zu haben.

Die Historiker unterstreichen die wesentliche Rolle der Nachrichtengewinnung während der letzten Phase des Krieges. Die neue, von Oberst Liss erarbeitete Dienstbeschreibung legt, im Hinblick auf operative Entscheidungen, besonderen Nachdruck auf die genaue Kenntnis des Feindes "mit seinen nationalen und rassischen Besonderheiten." Die Ic-Abteilungen sollten nun die Informationen direkt an den Generalstabschef weiterleiten, wenn sie es für notwendig hielten. Ab 1943, schreibt David Kahn[32], lösten die auf der Ebene der Armeekorps operierenden Ic-Abteilungen die Abwehreinheiten ab, die auf der Ebene jeder Armee, sozusagen "vor Ort" arbeiteten.

Wie die übrigen Ic-Abteilungen wurde auch diejenige Waldheims mit sehr weitgehenden und effizienten Einsatzmitteln ausgestattet. David Kahn, der sich im übrigen damals nicht speziell für die "Affäre Waldheim" interessierte, fügt hinzu, daß die Nachrichtenoffiziere in manchen Gegenden "mit SS-Kommandos zusammenarbeiteten. Sie gaben diesen Hinweise, wo sich Juden versteckt hielten, und ordneten manchmal die Auslieferung von Juden an die SS an. Sie erhielten Berichte über die Zahl der Personen, die von der SS und ihrer eigenen, im betreffenden Gebiet tätigen Geheimpolizei getötet oder deportiert worden waren. Diese Berichte legten sie routinemäßig mit anderen militärischen Dokumenten in ihren Ordnern ab." Es handelte sich in der Tat um Routinearbeit: In der Vernichtungsmaschine war der O3, um einen Ausdruck von Jaroslaw Kadelburg, dem Vorsitzenden der jüdischen Gemeinde Jugoslawiens, zu verwenden, "ein Schreibtischtäter", ein Bürokrat des Schreckens.[33]

Bevor Kurt Waldheim die Berichte, die durch seine Hände gingen, mit der Paraphe "W" versah, las, analysierte, klassifizierte er sie, verglich sie miteinander und prägte sie sich ein, um Zusatzinformationen anzufordern oder deren Inhalt an seine Vorgesetzten weiterzuleiten. Darin bestand seine Arbeit. Durch seine Hände gingen sowohl die Informationen von der Truppe als auch die der Abwehr, da der Ic auf der Ebene des Armeekorps, nach der Darstellung David Kahns, "für die Männer und Kommandanten der Abwehr an der Front zuständig ist". Die deutschen Generalstäbe umfaßten im übrigen, aus Gründen der Geheimhaltung, auffällig wenig Mitglieder.

Zur Generalstabsbesprechung, an der Waldheim oft teilnahm, wurden nur die, "die etwas zu sagen hatten", beigezogen. "Das Wetter kann man selber riechen", bemerkte ein Generalstabsoffizier, um zu erklären, warum an diesen Besprechungen, anders als in den Generalstäben der Alliierten, kein Meteorologe zugegen war. Die Mitglieder der kleinen Gruppe mußten daher nicht nur sehr gewissenhaft arbeiten, sondern auch äußerst rasch reagieren können. Man kann sich in diesem Zusammenhang ausmalen, was für ein Gesicht General Löhr gemacht hätte, hätte ihm sein O3 gestanden, daß er nie etwas von Judendeportationen aus Saloniki gehört habe! Umso mehr, als die höheren Militärs häufig den Dienstort wechselten und so der O3 den Angelpunkt des Nachrichtendienstes, das "Gedächtnis" der Abteilung Ic/AO darstellte.

Jeden Tag ab fünf Uhr früh wanderten die Lageberichte die hierarchische Pyramide der Heeresgruppe E hinauf. Drei Stunden später befand sich die Abteilung Waldheims im Besitz dieses wichtigen Materials. Am späten Nachmittag, wenn die Tagesmeldung erstellt wurde, wiederholte sich dieser Vorgang. So etwa wußte Kurt Waldheim, daß die griechische Stadt Kalavrita und das Kloster Haghia Lavra von deutschen Soldaten im Zuge ihres Kampfes gegen die "Kommunisten" niedergebrannt worden waren, daß bei dieser Gelegenheit 13 Mönche hingerichtet und im Dorf Lyngiades, in der Nähe von Paramythia, 82 Einwohner, darunter 42 Kinder unter 15 Jahren, umgebracht worden waren. Er wußte auch, daß in Sparta, "als Vergeltungsmaßnahme", 128 Einwohner, darunter viele Akademiker, erschossen worden waren.

Dieses Foto wurde am 1. Mai 1938 bei einer von Gauleiter Bürckel kurz nach dem Anschluß auf dem Wiener Heldenplatz veranstalteten Kundgebung aufgenommen. Es zeigt eine Gruppe nationalsozialistischer Studenten in Uniform und Habtachtstellung, darunter Kurt Waldheim (Kreuz). Als ihm dieses Foto gezeigt wurde, antwortete er einfach, es müsse sich um einen Doppelgänger handeln. (Foto WJC)

Aktenzeichen des RJM.: I p —

1. Vor- und Zuname: (akademischer Grad)	Dr. Kurt Waldheim Dipl.cons.Akad.
2. Geburtstag und -ort:	21.12.1918 St.Andrä-Wördern
3. Deutschblütige Abstammung: (wodurch nachgewiesen?)	ja, durch Ahnenpaß
4. Glaubensbekenntnis:	röm.kath.
5. Beruf des Vaters:	Bezirksschulinspektor i.R.
6. Vermögensverhältnisse des Beamten:	kein Vermögen

8. Zugehörigkeit (mit genauer Zeitangabe) a) zur NSDAP.: (Mitgliedsnummer, Amt?)	
b) zu einer Gliederung: (Dienstrang und Führerstelle?)	SA. Reiterstandarte 5/90 SA-Mann seit 18.11.1938 NS.Studentenbund seit 1.4.1938
c) zu einem angeschlossenen Verband (Amt?)	
d) zum NS-Fliegerkorps, NS-Reichskriegerbund, Reichskolonialbund, Reichsluftschutzbund, VDA., Alt-Herrenbund der Deutschen Studenten und sonstigen Verbänden, soweit die Zugehörigkeit zu den Personalakten anzuzeigen ist: (Ämter?)	

Vordruck Nr. 188. Personalbogen

Dieses Dokument ist der von Kurt Waldheim 1940 ausgefüllte Personalbogen des Reichsjustizministeriums, Punkt 8 betrifft die Zugehörigkeit zu politischen Organisationen, 8 b die "Massenorganisationen". Kurt Waldheim vermerkte die Mitgliedschaft bei drei Organisationen: "SA. Reiterstandarte 5/90, SA-Mann seit 18. 11. 1938, NS.Studentenbund seit 1. 4. 1938". (Privatbesitz)

Am 3. November 1945 füllte Kurt Waldheim ein "Personenstandesblatt" aus. Unter der Rubrik "Wehrverbände der NSDAP" verzeichnete er, im Gegensatz zu seiner Eintragung von 1940, nur eine Organisation: "NS-Reiterkorps". Die Frage nach Eintrittstag und Dauer der Zugehörigkeit ließ er unbeantwortet. In der Spalte "Funktionen" vermerkte er: "keine". Abschließend bestätigte er "an Eides Statt", daß seine Angaben der Wahrheit entsprechen... (Privatbesitz)

Personenstandesblatt

Raum für Lichtbild

für die Meldung von Beamten und Angestellten beim

Bezirksgericht Baden bei Wien

Zuname:	Dr. WALDHEIM
Vorname:	Kurt
Titel:	Assessor (K)
Geboren am:	21.12.1918
Geburtsort (Land):	St.Andrä-Wördern .N.Oesterr.
Wehrverbände der NSDAP (SS, SA, NSKK, NSFK), Eintrittstag, Zeitraum der Dauer:	NS-Reiterkorps.
Letzte Dienststelle:	
Funktionen:	keine.
Anmerkung:	

Wien, am 3.11. 1945.

Die wahrheitsgetreue Beantwortung obiger Fragen bestätige ich an Eides Statt mit meiner eigenhän(digen) Unterschrift:

Dr. Waldheim

Dieses Foto aus dem Jahre 1943 wurde auf dem Titelblatt einer Wehrmachtszeitung für die Balkanfront veröffentlicht. Es zeigt General Alexander Löhr (nach dem Krieg in Jugoslawien zum Tode verurteilt und gehängt) im Kreise seiner engeren Mitarbeiter in Arsakli, Griechenland. General Löhr (mit Brille) beugt sich über eine Karte, der Aufklärungsoffizier O3 Kurt Waldheim ist der vierte von links. (Foto WJC)

Dieses Foto aus dem Jahr 1943 zeigt eine Gruppe von deutschen Offizieren im Hotel "Grande Bretagne" in Athen. Im Hintergrund Leutnant Kurt Waldheim (1), in Gesellschaft von General Gyldenfeldt (2), Oberstleutnant Willers (3) und General Felmy (4), dem Oberkommandierenden Südgriechenlands (von Juni 1941 bis August 1942), später Kommandant des 68. Armeekorps (von Juni 1943 bis Oktober 1944). General Helmut Felmy wurde 1948 im Nürnberger Prozeß wegen Kriegsverbrechen zu 15 Jahren Gefängnis verurteilt. (Foto "To Vima")

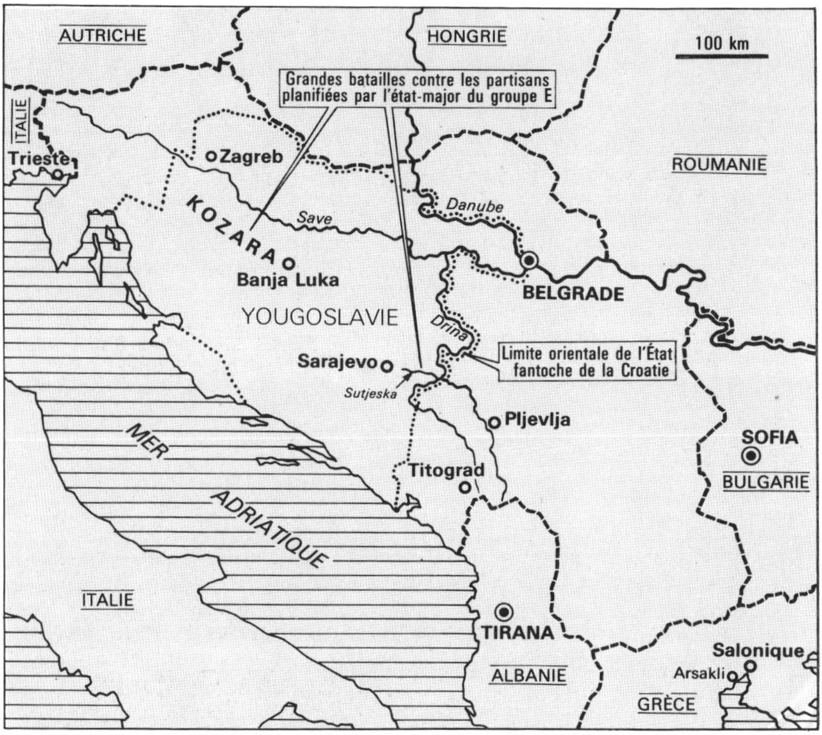

Jugoslawien zur Zeit des Balkankrieges des "Dolmetschers" Kurt Waldheim.

Dieses Foto wurde am 22. Mai 1943 auf dem Flugfeld von Podgorica (dem heutigen Titograd) in Montenegro aufgenommen. Kurt Waldheim ist der zweite von links, der italienische General Escola Roncaglia der vierte von links. (Foto WJC)

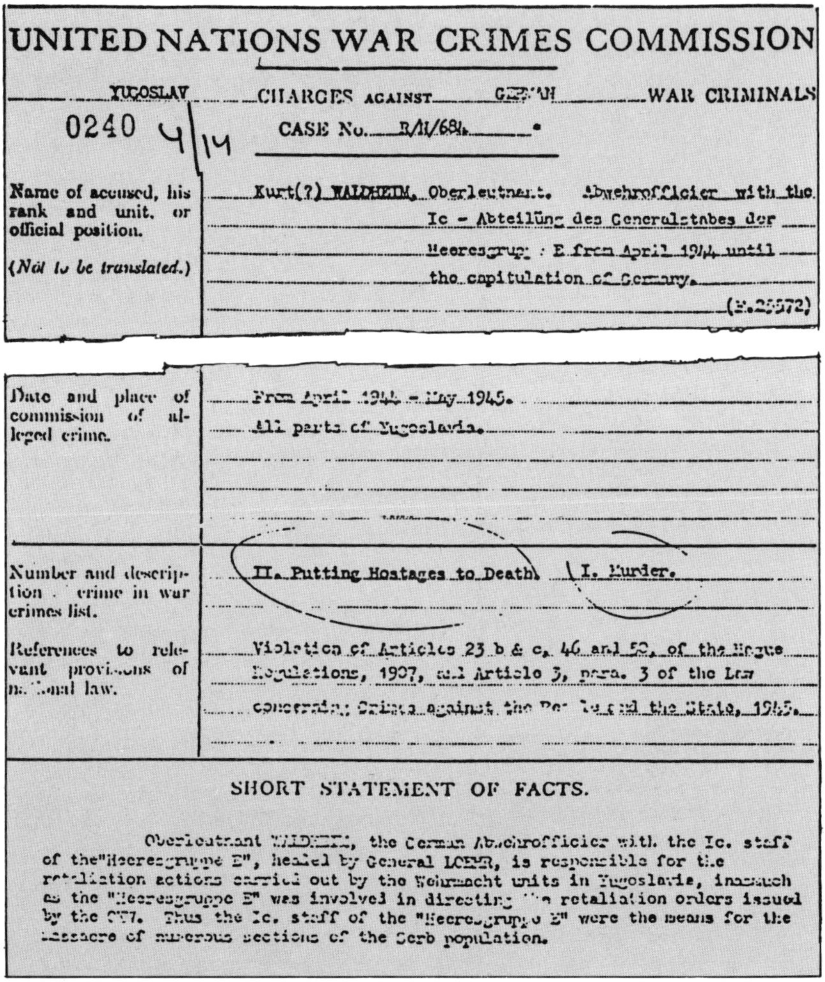

UNITED NATIONS WAR CRIMES COMMISSION

YUGOSLAV CHARGES AGAINST GERMAN WAR CRIMINALS

0240 4/14

CASE No. R/N/684.

Name of accused, his rank and unit, or official position. (*Not to be translated.*)	Kurt(?) WALDHEIM, Oberleutnant. Abwehroffizier with the Ic - Abteilung des Generalstabes der Heeresgruppe E from April 1944 until the capitulation of Germany. (F.25572)
Date and place of commission of alleged crime.	From April 1944 – May 1945. All parts of Yugoslavia.
Number and description of crime in war crimes list.	II. Putting Hostages to Death. I. Murder.
References to relevant provisions of national law.	Violation of Articles 23 b & c, 46 and 50, of the Hague Regulations, 1907, and Article 3, para. 3 of the Law concerning Crimes against the People and the State, 1945.

SHORT STATEMENT OF FACTS.

Oberleutnant WALDHEIM, the German Abwehroffizier with the Ic. staff of the "Heeresgruppe E", headed by General LOEHR, is responsible for the retaliation actions carried out by the Wehrmacht units in Yugoslavia, inasmuch as the "Heeresgruppe E" was involved in directing the retaliation orders issued by the OKW. Thus the Ic. staff of the "Heeresgruppe E" were the means for the massacre of numerous sections of the Serb population.

1948 wurde die Kriegsverbrechenskommission der Vereinten Nationen auf Antrag Jugoslawiens mit dem Fall Kurt Waldheim befaßt. Er ist angeklagt, zwischen April 1944 und Mai 1945 überall in Jugoslawien Kriegsverbrechen begangen zu haben. Die zwei Anklagepunkte sind (in der Reihenfolge): "II. Geiselerschießungen, I. Mord." (Foto WJC)

Die hohen Sphären der Politik und die Niederungen der Repression

Im Jänner 1944 litt der Oberleutnant an Schilddrüsenstörungen. Er bekam einen 28-tägigen Genesungsurlaub, den er am 25. März antrat, wurde im Heereslazarett am Semmering gepflegt und kam um den 23. April (das genaue Datum ist nicht feststellbar) nach Arsakli zurück. Wenn er nur der auswechselbare Dutzendsoldat gewesen wäre, als den er sich später beschreibt, wäre es für das Heereskommando ein leichtes gewesen, seinen Posten während seiner Abwesenheit mit einem anderen zu besetzen. Aber bereits am 20. Mai trug Kurt Waldheim vor General Erich Schmidt-Richberg, Generalstabschef der Heeresgruppe E und stellvertretender Oberbefehlshaber, einen Bericht über die "Lage im Mittelmeerraum, in Italien und auf dem Balkan" vor. Bei diesem Überblick wurden alle Fragen bis in die letzten Einzelheiten behandelt, wie z.B. die der "Verwendung von Geiseln, um den Schutz eines Zuges auf dem Peloponnes zu gewährleisten" (es handelte sich darum, Kriegsgefangene mitreisen zu lassen, um die Widerstandskämpfer von einem Überfall abzuhalten). Er erstellte die monatlichen Tätigkeitsberichte, die sowohl die Darstellung der innenpolitischen Lage Griechenlands, eine Einschätzung der Feindverluste und die Analyse der Repressalien gegen die Zivilbevölkerung zum Inhalt hatten.

Um zu ermessen, was alles durch Waldheims Hände ging, genügt der Hinweis auf einen mit 10. November 1943 datierten und von ihm gegengezeichneten Geheimplan, nach dem die Marionettenregierung Joannis Rallis entmachtet werden sollte. Obwohl Rallis am 6. April 1943 von den Deutschen eingesetzt worden war, um an die Stelle von Logothetopoulos zu treten, den sie für unfähig hielten, der Widerstandsbewegung Herr zu werden, genoß er nicht deren volles Vertrauen. Der Geheimbericht 1a Br. B 16206/43 gibt folgendes Bild von ihm: "Ehemaliger Führer der Volkspartei. Überzeugter Antikommunist. Trinker. Gilt als Vertrauter von Pangalos, der der Mann der Engländer ist." Obgleich Rallis versuchte, gleichzeitig mit den Engländern, den Königstreuen und den deutschen Besatzern in Verbindung zu bleiben, arbeiteten die von ihm ins Leben gerufenen "Sicherheitsbataillone", das griechische Gegenstück zur Milice francaise, direkt mit den Nazis zusammen.

Der von Waldheim gegengezeichnete (und übrigens nur an Ic/AO und die SS-Führung gerichtete) Bericht beinhaltete den Vorschlag des griechischen Reeders Alexios Petrou, "die Scheinregierung Rallis zu entfernen", um dem Nationalsozialismus in Griechenland endlich zum Sieg zu verhelfen. Petrou, der als aktiver Agent der deutschen Geheimpolizei bezeichnet wird, schlug einen erstaunlichen Handel vor: Wenn er in der neuen Regierung zum Innenminister ernannt werde, mache er sich anheischig, "unter Verwendung seiner engen Beziehungen zu den führenden Nationalisten die maßgebenden Funktionäre der KP Griechenlands innerhalb kurzer Frist ans Messer zu liefern." Die deutschen Polizisten hatten ihm versprochen, dieses Angebot "nur an maßgeblicher Stelle vorzutragen", was auch geschah...

Über diese hochpolitischen Erwägungen hinaus (die sich allerdings eher wie ganz gewöhnliche Verbrecheraktionen ausnehmen) blieb die Abteilung Ic/AO weiterhin über die Judendeportationen unterrichtet. Ab dem Zeitpunkt der italienischen Kapitulation konnten die deutschen Truppen ungehindert Aktionen gegen die jüdischen Gemeinden in den entlegensten Gebieten Griechenlands und besonders der Inseln starten. Korfu, die Ionischen Inseln und der Dodekanes (Rhodos, Kos usw.) genossen nicht mehr den prekären Schutz der italienischen Besatzungsmacht.

Im Juli 1944 wurde die Abteilung über Juden-Deportationen von griechischen Inseln auf dem Seeweg in Richtung KZ Auschwitz-Birkenau in Kenntnis gesetzt. Am 11. August erhielt sie einen Bericht von der Kommandatur Ost-Ägäis über die "gemischten Gefühle", mit denen die Bevölkerung auf den Abtransport der Juden reagiert habe. Diese seien allerdings durch die Genehmigung, "jüdisches Eigentum in Besitz zu nehmen, aufgewogen" worden. Die Abteilung Ic/AO, der Waldheim angehörte, hat diese Maßnahmen nicht nur überwacht, sie hat sie selbst angewiesen, wie der Tätigkeitsbericht derselben Kommandatur vom 22. September 1944 bezeugt: "(...) Abschub der Juden nicht türkischer Staatsangehörigkeit aus gesamtem Befehlsbereich auf Weisung Oberkommando Heeresgruppe E, Ic/AO". Am 21. April schickte die Abteilung Ic/AO (mit oder ohne Kurt Waldheim, da das genaue Datum seiner Rückkehr an die Front weiterhin ungewiß ist) an die betroffenen Einheiten und an das SS-Hauptquartier in Athen eine detaillierte Aufstellung aller noch auf Korfu befindlichen Juden und Ausländer.

Eine Woche später ersuchte die Korpsgruppe von Joannina die Abteilung Waldheims, "zwecks Regelung der Judenfrage (...) Durchführungsmaßnahmen beim SD erwirken zu wollen", d.h. zur "Evakuierung" von etwa 2000 potentiellen Freunden des tapferen Mangeclous, des Helden der Romane von Albert Cohen. Am 12. Mai erklärte sich die Heeresgruppe bereit, "Schiffstransportraum für beschleunigten Abtransport von 350 Juden von Kreta und 1600 Juden von Korfu" beizustellen. Am 17. Juni hatten nach Schätzungen der SS 1795 Juden von Korfu den Weg in die Vernichtungslager angetreten.

"Endlösung" und "verschärfte" Verhöre

Nach einem von Waldheim gegengezeichneten Bericht wurden die Deutschen von den Italienern und Griechen, die Razzien beiwohnten, "vereinzelt als Barbaren bezeichnet". Er selbst hatte wohl an Ort und Stelle die Folgen der Weisungen Eichmanns oder Brunners gesehen. Dies läßt sich nicht mit Sicherheit behaupten, doch gehörte die Inspektion der regionalen Sammelstellen der künftigen Deportierten durchaus zu seinen Aufgaben als Generalstabsoffizier.

Es ist an dieser Stelle unerläßlich, die Augenzeugen zu Wort kommen zu lassen, deren Aussagen allerdings nicht Beweischarakter zuerkannt werden kann. Am 14. und 15. Juli 1944 wurden 2500 Juden auf der Insel Rhodos im Hinblick auf die "Endlösung" zusammengetrieben. Drei NS-Offiziere waren eigens angereist, um die Operationen zu überwachen. Maurice Soriano, einer der Überlebenden und mittlerweile Vorsitzender der jüdischen Kultusgemeinde auf Rhodos, behauptete vierzig Jahre später, unter ihnen habe sich Waldheim befunden. Der Fall von Joannina ist komplexer: vier Zeugen, die die "Judenoperation" vom 25. März 1944 in dieser nordgriechischen Stadt überlebt haben, sind sicher, Kurt Waldheim als einen der anwesenden Offiziere wiederzuerkennen. Er habe auch auf die Geiseln, die ihren Schmuck und ihr Geld nicht schnell genug abgaben, eingeschlagen. Sie behaupteten, dieser junge Offizier, "groß, mager, leicht hinkend, könne nur er gewesen sein", und erklärten sich sogar zu einer Gegenüberstellung bereit. Wenn jedoch das in den Archiven des Heereskurlazaretts Semmering vermerkte Datum betreffend das Ende von Waldheims Genesungsaufenthalt stimmt, konnte dieser sich zu dem Zeitpunkt, als die Deportierten in Larissa zur Sammlung getrieben wurden, nicht dort aufgehalten haben.

Kurt Waldheim hat diese Zeugenaussagen immer kurz abgetan. Er behauptet weiterhin, von Deportationen nie etwas gewußt zu haben. Um nicht gefühllos zu erscheinen, ließ er in dem bereits erwähnten Memorandum folgendes Plädoyer pro domo hinzufügen: "Ich bedaure zutiefst die zahllosen Grausamkeiten, die dem jüdischen Volk zugefügt wurden, und ich habe das lange vor diesen Enthüllungen über Saloniki tief bedauert, auf meiner Reise in Israel wie anderswo." Und trotzdem rief ein Mann, mit dem er damals zu tun hatte, Oberst Roman Loos (der die Geheime Feldpolizei in jenem Gebiet leitete), am 9. März gegenüber einem Journalisten der Associated Press aus: "Was, *das* wußte er nicht? Aber jeder war *darüber* im Bilde!"

Um die Thesen seiner Kritiker zu entkräften, hat Kurt Waldheim mehrmals die Beweiskraft der Aussagen von Augenzeugen bestritten, seien es griechische Juden oder ehemalige Wehrmachtsangehörige, wie jene, deren Aussagen von der jugoslawischen Kommission für Kriegsverbrechen aufgezeichnet worden sind. Andererseits aber hielt es der österreichische Präsidentschaftskandidat für ausreichend, mit den Aussagen einiger anderer Augenzeugen zu beweisen, daß er während des blutigen Kozara-Feldzugs nicht in Banja Luka gewesen sei. "Die Meldungen, die wir in Arsakli erhielten, waren ausschließlich militärischer Natur", behauptet er auch, um zu erklären, daß er vom Schicksal der Juden nichts erfahren habe. Es existieren jedoch Dokumente, die das Gegenteil beweisen, vor allem aber ist die Unterscheidung zwischen militärischen Angelegenheiten und Deportationen völlig willkürlich: für die deutsche Kriegsführung waren beide integraler Bestandteil des Balkanfeldzugs.

Bezüglich der "Gefangenenvernehmungen" hat Kurt Waldheim dieselbe Haltung des systematischen Leugnens eingenommen, diese "Flucht ohne Ende" vor der geschichtlichen Evidenz (um den Titel eines Romans von Joseph Roth zu paraphrasieren). Wie Georg Tunda in Roths Roman ist Waldheim "eine konziliante Natur": "Ein konzilianter Mensch hat es im Leben schwerer, als man glaubt: die Schwierigkeiten, mit denen er zu kämpfen hat, können sich derart verdichten, daß er mitten im Lächeln eine tragische Erscheinung wird." Vielleicht würde er lieber die Wahrheit sagen, aber "im letzten Augenblick stieß seine Zunge den Beschluß seines Gehirns um, und statt der Wahrheit erklang (...) irgendeine polierte, runde Sache von rätselhafter, angenehmer, melodiöser Beschaffenheit. An der Donau und am Rhein, den beiden legendären Strömen Deutschlands, wachsen manchmal solche Männer - wenig ist von den harten Nibelungen übriggeblieben."

Und doch, im amerikanischen Nationalarchiv existieren nicht weniger als 19 von Kurt Waldheim unterzeichnete Berichte, in denen es um Verhöre geht.[34] Auch hierfür gibt es Augenzeugen: einige ehemalige britische oder amerikanische POW (Kriegsgefangene) etwa glauben sich an Waldheim zu erinnern.

Am 18. Juli 1944 meldete die Abteilung Ic/AO, daß am Vortag ein amerikanischer Soldat namens James Doughty, der bei einer Meeresaufklärungsoperation gefaßt worden war, verhört worden sei. In diesem Zusammenhang sei daran erinnert, daß laut Dienstbeschreibung der Abteilung Ic/AO nur der O3, Kurt Waldheim, und sein Stellvertreter für Vernehmungen zuständig waren. Bereits vorher hatte sich Waldheim mit verschiedenen "Gefangenen der anglo-amerikanischen Militär-Mission in Griechenland" befaßt (nach dem Wortlaut des von ihm erstellten monatlichen Tätigkeitsberichts), speziell mit sieben Mitgliedern eines Kommandounternehmens der "Special Boat Squadron", die am 7. April 1944 auf der Insel Alimnia, in der Nähe von Rhodos, festgenommen worden waren.

Am 27. April erhielt die Abteilung Ic/AO ein Fernschreiben, demzufolge die sieben Soldaten, mit Ausnahme des britischen Funkers Carpenter und des griechischen Matrosen Michael Ligaris, dem Sicherheitsdienst zur Vernehmung und anschließenden "Sonderbehandlung" nach Führerbefehl überstellt werden sollten. Am 5. Juni meldete ein anderes Fernschreiben, daß Carpenter und Ligaris "nicht mehr von Nutzen" seien und der "Sonderbehandlung" zugeführt werden können, was ganz einfach deren sofortige Hinrichtung bedeutete, wie sie von Hitler befohlen worden war. Dieser hatte in dem im Fernschreiben zitierten Tagesbefehl angeordnet, daß alle bei sogenannten Kommandounternehmen festgenommenen Feinde beseitigt werden müssen, selbst wenn sie sich den deutschen Soldaten ergeben hatten.

Da Waldheim beim Generalstab für "Sonderaufgaben" zuständig war, wußte er sicher genau, wer wann einer "Sonderbehandlung" unterzogen werden sollte. Als einziger der Gruppe überlebte der britische Hauptmann William Blythe, der von den anderen getrennt und in ein Gefangenenlager gebracht worden war. Der Amerikaner James Doughty, der im Juli 1944 zusammen mit britischen Soldaten gefangengenommen worden war und als einziger dieser Gruppe überlebte, erinnert sich daran, in Arsakli, dem Hauptquartier von Waldheim, verhört worden zu sein.

Mitte August 1944 erhielt Kurt Waldheim Heimaturlaub, um Elisabeth ("Sissi") Ritschel zu heiraten. Etwa einen Monat später war er zurück in Arsakli. Es dauerte noch viele schreckliche Wochen bis zur deutschen Kapitulation am 8. Mai 1945. Bis zum Schluß wird der O3, der seit 1943 jeden seiner Aufträge weisungsgemäß durchgeführt hatte, seine Pflicht erfüllen...

Der künftige Präsident hat sich derart beharrlich geweigert, Tatsachen anzuerkennen, daß man geneigt ist, ihm außergewöhnliche Verantwortlichkeiten zuzuschreiben. Einige unserer jugoslawischen Gesprächspartner etwa haben die Vermutung ausgesprochen, er sei bei den Unterhandlungen zwischen der Abwehr und dem Generalstab Titos vom 11. bis zum 31. März 1943 dabeigewesen. Auf jugoslawischer Seite hatten daran Milovan Djilas, Koća Popović und Vladko Velebit teilgenommen, auf deutscher Seite zwei Offiziere der Abwehr. General Dippold, Befehlshaber der 717. Division, in dessen Hauptquartier in Gornji Vakuf das erste Treffen stattfand, fungierte als Verbindungsmann. Die folgenden Gespräche wurden in Zagreb geführt.

Es ging dabei um den Versuch, Gefangene auszutauschen, und Tito habe diesem Thema gefühlsmäßig sehr große Bedeutung beigemessen, was wiederum sein Schweigen und seine Zurückhaltung, was Waldheims Vergangenheit betrifft, erkläre. Allerdings ist es sicher, daß der Chef der Abwehr, Admiral Canaris, nur Männer seines Vertrauens damit betraut hatte, Verhandlungen zu führen, die von den linientreuen Nazis ausdrücklich verurteilt wurden. Milovan Djilas behauptete auf unsere Frage hin, daß er dem Offizier Kurt Waldheim während des Krieges nie begegnet sei.

Die jugoslawischen Partisanen, deren Beziehungen sowohl zu den Russen als auch zu den Engländern eher schlecht waren, scheinen im Laufe dieser Gespräche sogar den Vorschlag gemacht zu haben, die Feindseligkeiten einzustellen, wenn sie als reguläre Armee anerkannt würden. Ribbentrop jedoch verlangte den Abbruch dieser Verhandlungen, und der Krieg ging weiter.

Vergeltungsmaßnahmen am laufenden Band

Je deutlicher sich die Niederlage abzeichnete, umso verbissener und brutaler führten die Deutschen den Krieg. In den Befehlen, die dem Oberleutnant Kurt Waldheim durchgegeben wurden, war nicht die Rede von Vermittlungsversuchen und Aufrufen zur Versöhnung. Mehr denn je gewann der "totale Krieg" die Oberhand. Die Zeiten waren vorbei, wo Tito, selber ehemaliger Soldat der österreichischen Armee im Ersten Weltkrieg, im Verhalten der Wehrmacht noch Spuren von "Ritterlichkeit" ausmachen konnte. Die Offiziere der Abwehr waren zu Meistern in der systematischen Anwendung von Vergeltungsmaßnahmen, in der kompromißlosen Strategie des Schreckens gegenüber den "sogenannten Widerständlern" geworden.

Nach vierzig Jahren Frieden, die uns nur an die exotischen Kriege im Nahen Osten oder in Lateinamerika gewöhnt haben, ist es schwierig sich vorzustellen, was für eine enorme Maschine die Heeresgruppe E war, die nun mit ihren 300 000 bis 400 000 Mann nur mehr versuchte, mit allergrößter Grausamkeit alles niederzuwalzen.

Anfang Oktober 1944 beschloß der Generalstab der Heeresgruppe E, sich in Richtung Westen zurückzuziehen. Der Befehl dazu war vom Oberkommando Balkan in Belgrad gekommen. Dort versuchte General Wilhelm List bis zum Ende, eine doppelte Politik zu führen, d.h. einerseits die Bevölkerung zu terrorisieren, andererseits die inneren Streitigkeiten der Widerstandsbewegung auszunützen. Der Stab von General Löhr erhielt die Weisung, in Kosovska Mitrovica Quartier zu beziehen, wo er dann bis zum 15. November 1944 blieb. In diesem

Zeitabschnitt war Waldheim an Aktionen beteiligt, die die jugoslawische Kommission für Kriegsverbrechen veranlaßte, seine Auslieferung zu beantragen, damit er unverzüglich vor Gericht gestellt werden könne.

Der O3 Kurt Waldheim war aufgrund seines Aufgabenbereichs zu einem perfekten Vorbereiter von Vergeltungsmaßnahmen geworden. Am 11. August 1944 vermerkte Kurt Waldheim in seiner Abendmeldung, daß die Gegend im Süden von Heraklion auf Kreta als "Sektor von Bandentätigkeit" betrachtet werden müsse. Zwei Tage später erfolgte der Vergeltungsschlag. In ihrem Bericht an den Ic/AO über die "Säuberungsunternehmen" meldeten die Einheiten der Wehrmacht, daß zwei Dörfer zerstört und 20 Geiseln exekutiert worden sind. Am gleichen Tag wurde in einem von Waldheim gegengezeichneten Bericht gemeldet, daß mehrere Kommunisten im Verlauf von Säuberungsunternehmen in Athen getötet worden sind. Am 9. August trug Waldheim, wie üblich, in der Chefbesprechung Schmidt-Richberg die Lage vor. Bei dieser Besprechung wurde eine vorläufige Bilanz des "Unternehmens Kreuzotter" gezogen, das darin bestand, zur Abschreckung der Widerstandskämpfer ganze Dörfer hinzumorden. Am 15. August etwa meldete der Ic/AO-Abendbericht über Aktivitäten des 22. Gebirgs-Armeekommandos, daß gründliche Säuberungen und Zerstörungen aller Dörfer unternommen worden seien und keine nennenswerte Feindberührung vorgefallen sei.

Wie Waldheim vierzig Jahre später selber einräumte, waren die Feinde die Partisanen. Ein Gegner, der in Zeiten eines Bürgerkriegs nur sehr schwer zu bestimmen ist, zumal sich die Widerstandsgruppen sowohl in Griechenland als auch in Jugoslawien untereinander bekämpften, was wiederum die Deutschen so gut wie möglich auszunützen versuchten. Wehrmachtsoffiziere, unter ihnen General List, wurden im Nürnberger Südost-Generäle Prozeß u.a. wegen des Unternehmens Kreuzotter verurteilt. Nicht jedoch der O3, der in seinem mit Akten angefüllten Büro plante und Bilanz zog...

Nachdem sie sich monatelang im Glauben wiegen konnten, das Gesetz der eisernen Hand, das Prinzip der absoluten Rache, des Hundert gegen Einen, würde zum Sieg führen, blieb den Offizieren der Wehrmacht kein anderer Ausweg mehr, als selbst beim Rückzug ihr Heil im Angriff zu suchen. Sie waren gezwungen, ihr eigenes Überleben durch die Vernichtung eines Gegners zu sichern, dem trotz seiner Schwächen und inneren Zwistigkeiten nicht beizukommen war. Hier, im Operationsgebiet Kurt Waldheims, war Curzio Malaparte das Wesens des Kriegs der Nazis klar geworden: "Ich befand mich im Dorf Rita bei Pančewo gegenüber Belgrad, und wartete, die Donau überschreiten zu können. (...) Eine SS-Einheit wartete auf den Befehl, den Übergang über den Fluß zu erzwingen (...). Einer von ihnen saß abseits, neben dem Platz, wo ich mich niedergelassen hatte. (...) Er erzählte mir, daß die Rekruten der SS-Leibstandarte dazu erzogen wurden, die Leiden anderer ohne Wimperzucken zu ertragen. Ich wiederhole Ihnen, daß seine blauen Augen außerordentlich rein waren. Er erläuterte, daß ein SS-Anwärter nicht würdig sei, der Leibstandarte anzugehören, wenn es ihm nicht gelinge, die Katzenprobe voll zu bestehen. Die Anwärter müssen eine lebende Katze mit der linken Hand am Rückenfell packen, und zwar so, daß sie die Krallen unbehindert zur Verteidigung gebrauchen kann, und mit der Rechten mit einem kleinen Messer der Katze die Augen aushöhlen. Sehen Sie, so lernt man Juden zu töten."[35]

Verbrechen auf dem Rückzug

Als der Generalstab, dem Waldheim angehörte, sich nach Kosovska Mitrovica, südlich von Belgrad, zurückzog, waren die Vergeltungsmaßnahmen zur Leitlinie der deutschen militärischen Strategie geworden. Damals kam es zu den Vorfällen, auf die die jugoslawische Kommission für Kriegsverbrechen unter der Leitung von Professor Dusan Nedljković ihren Verdacht gründete, der auf "Mord, Geiselerschießungen" lautete. Professor Nedljković, dessen Redlichkeit im heutigen Jugoslawien von allen anerkannt wird, starb, bevor die "Affäre Waldheim" die Öffentlichkeit beschäftigte.

Da Waldheims Vergangenheit im Laufe des Jahres 1986 in eher ungeordneter Weise enthüllt wurde und sich der Fall selbst als sehr kompliziert darstellte, wurde des öfteren dieser wesentliche Punkt vernachlässigt: die jugoslawische Kriegsverbrecherakte bezieht sich allein auf die Ereignisse zwischen Oktober 1944 und Mai 1945. Das bedeutet nicht, daß Waldheims Aktivitäten als Leutnant der Wehrmacht, später als O3, harmlos waren. Sie waren immerhin so gravierend, daß der Betroffene sie 40 Jahre lang zu vertuschen suchte. Sie erlauben auch, sich ein Bild davon zu machen, in welchem Maße Waldheim bereit war, sich an den Unternehmungen der Nazis zu beteiligen. Die offizielle Untersuchung durch eine unabhängige Kommission, deren Glaubwürdigkeit nie angezweifelt wurde, befaßte sich jedoch nur mit diesem kurzem Abschnitt von Waldheims "dunklen Jahren".

Alles begann am 12. Oktober 1944, als Kurt Waldheim in der Morgen- und Abendmeldung zweimal auf die alarmierende Partisanentätigkeit im Gebiet zwischen Stip und Kocane hinwies. Es könnte beunruhigend gewesen sein, da es sich dabei um die Rückzugsroute nach Westen von Arsakli aus handelte. Kurt Waldheim behauptet, er habe sich am 13. Oktober mit dem Flugzeug nach Kosovska Mitrovica begeben, und führt als Beweise das Logbuch des Chefpiloten Hauptmann Prem und "Zeugen" an. Waldheims Beweise hielten aber einer Überprüfung nicht stand. Andererseits ist bekannt, daß ein Teil des Führungsstabes auf dem Landweg nach Kosovska Mitrovica nachfolgte. Am 14. Oktober (und nicht am 20., wie Waldheim heute behauptet) brannten die deutschen Soldaten drei Dörfer in dem vom O3 in seinen Meldungen signalisierten Gebiet nieder: Krupiste, Gorni Balvan und Dolnyi Balvan. Es handelte sich dabei nicht um eine Verzweiflungstat, sondern um einen sorgfältig geplanten "Vergeltungsschlag". 114 Bewohner wurden hingerichtet und in die Liste der "Feindverluste" aufgenommen, die Kurt Waldheim Ende Oktober unerschütterlich weiterführte: 739 Tote, 94 Gefangene. Waren diese alle "Banditen"? In der von den Deutschen aufgestellten Bilanz werden jedenfalls nur 63 erbeutete Waffen (darunter 13 Maschinengewehre) aufgeführt.

Hauptmann Karl Heinz Egberts-Hilker, Kommandant einer Aufklärungsabteilung der 22. Infanteriedivision nahm die Verantwortung für die Massaker vom 14. Oktober vor dem jugoslawischen Gericht auf sich, das ihn 1948 zum Tode verurteilte. Seine Zeugenaussage befindet sich in der jugoslawischen Kriegsverbrecherakte Kurt Waldheim. In seinem Memorandum erklärt Waldheim, daß sich an einen überführten Kriegsverbrecher namens "Eckbert-Hilker" keiner der noch lebenden Stabsoffiziere von Arsakli erinnern könne. Der Hauptmann hatte jedoch klar ausgesagt, daß er nach den von Hitler festgesetzten Richtlinien für Vergeltungsmaßnahmen (siehe oben zitierten Führerbefehl) und nach den Empfehlungen Waldheims selbst, d.h. der Gruppe Ic/AO, gehandelt habe. Seltsamerweise ist die Aussage von Egberts-Hilker aus der in den UNO-Archiven aufbewahrten und 1986 ausgegrabenen Akte der internationalen Kommission für Kriegsverbrechen verschwunden...

Die jugoslawischen Anschuldigungen stützten sich jedoch nicht allein auf die Zerstörung der drei Ortschaften. Als die Alliierten 1948 das jugoslawische Ansuchen positiv beschieden, präzisierten sie, daß die Waldheim vorgeworfenen Ausschreitungen "in all parts of Yugoslavia", "in allen Teilen Jugoslawiens" stattgefunden hätten.

In der Originalfassung der jugoslawischen Akte, die uns von den Journalisten des "Vecernje Novosti" in Belgrad übergeben wurde, finden sich folgende Angaben: "Die im folgenden angeführten Verbrechen betreffen die 297. Division in Mazedonien, die im November 1944 die Ortschaften Svinista und Openića niederbrannte und mehrere Bewohner tötete. Im Mai 1944 haben diese Truppen das Dorf Popoveć angezündet. Weiters handelt es sich um die ebenfalls in Mazedonien stationierte 41. Division, die in den Monaten September und Oktober desselben Jahres eine große Zahl von Bauern hinrichtete und folgende Ortschaften niederbrannte: Smoljare (4 Bewohner getötet), Gabrovo (2), Petrovo (5), Rusinovo, Radoviste, Zlesevo, Zubovo (9 Personen erschossen). Weiters die von den Truppen der 22. Infanteriedivision in Westbosnien Anfang 1945 begangenen Verbrechen: im Dorf Glumin wurden 11 Personen exekutiert, in Kozluk und Tabanovice 6, in Snagovo 8, in Colopak 12, in Divic 7 und in Kostirjevo 6." Lauter Verbrechen, die zu denen im Gebiet zwischen Stip und Kocane hinzukommen.

Im jugoslawischen Untersuchungsbericht heißt es weiter: "Die oben beigebrachten Unterlagen beweisen eindeutig, daß die Befehle in Zusammenarbeit mit der Abteilung Ic des Hauptquartiers, und besonders in Zusammenarbeit mit Leutnant Waldheim bis in die Einzelheiten ausgearbeitet worden sind. Die Tatsache, daß diese Befehle ausgeführt wurden, belastet diejenigen, die sie gaben und an die unteren Armeeränge übermittelten, umso mehr."

Dies ist in der Tat der Kern des Problems. Fünf Zeugenaussagen hatten die jugoslawische Kommission in ihrem Urteil bestärkt. Klaus Wellinghof, der dem Generalstab von Löhr angehörte, bestätigte, daß Waldheim der Stellvertreter des Chefs der Aufklärungs- und Abwehrabteilung war. Nach Johann Mayer, dem Schreiber der Heeresgruppe E, bestand die Aufgabe Waldheims darin, "seinem Vorgesetzten, Oberstleutnant Warnstorff alle Aktionen des Ic vorzuschlagen sowie alle schriftlichen Berichte zu diesem Zweck zu erledigen. Diese Berichte waren über Fragen der Geiseln, Strafmaßnahmen sowie Maßnahmen gegen Kriegsgefangene und Zivilisten." Er erinnerte sich auch daran, daß "im November 1944 in Sarajewo (...) gewisse Personen auf Weisung Waldheims, als Vergeltungsmaßnahme für die Desertion mehrerer anderer Personen von der deutschen Armee" hingerichtet wurden. Handelte es sich um antikommunistische Nationalisten, um von den deutschen Besatzern zwangsrekrutierte Albaner aus dem Kosovo? Die Zeugenaussage von Hauptmann Egberts-Hilker wird durch die Aussagen von Robert Voigt, einem jungen Offizier der Division Waldheims, und von Markus Hartner, Landkartenzeichner in der Abteilung Ic/AO der Heeresgruppe E ergänzt. Dieser hatte für die jugoslawische Kriegsverbrechenskommission eine detaillierte und genau Darstellung der Aufgaben aller Offiziere des Generalstabs gegeben.

"Angesichts der erbrachten Beweise stellt die Staats-Kommission zur Feststellung von Kriegsverbrechen fest, daß Leutnant Waldheim ein Kriegsverbrecher ist, dessen Auslieferung an Jugoslawien gefordert wird." Am 12. Dezember 1947 war die Akte Waldheim endgültig fertiggestellt. Sie trägt die Nummer F-25 572 und den Titel "Morde und Massaker, Geiselerschießungen, Brandschatzungen." Die U.N. War Crimes Commission hatte ihrerseits am 19. Februar 1948 folgende Anklagepunkte aufrechterhalten: "Geiselerschießungen, Mord." Für direkte Geschichtszeugen, Jugoslawen oder solche anderer Nationalität, ist Waldheims Funktion im Generalstab ein hinreichender Beweis, daß die Vergeltungsmaßnahmen auf seine Empfehlungen hin durchgeführt wurden. Andere Dokumente, die diese These erhärten, befinden sich in Privatarchiven in Jugoslawien. So konnte die Belgrader Zeitung "Intervju" im Juni 1986 behaupten, daß "Kurt Waldheim die Vergeltungsmaßnahmen der Nazis in Jugoslawien zwischen Mitte Oktober 1944 und Mai 1945 koordiniert hat". Nach dieser Zeitschrift habe sich Waldheim auch lange genug in Kosovska Mitrovica aufgehalten, um alle damals in der Provinz Kosovo durchgeführten Vergeltungsmaßnahmen zu beaufsichtigen. Er habe diese Tätigkeit auch während des Rückzugs der Heeresgruppe E in Richtung Westen weiter ausgeübt.

Rätsel um eine Kapitulation

Bis April 1944 verfügen wir über schriftliche Zeugnisse darüber, daß Oberleutnant Kurt Waldheim seinen "normalen" Tätigkeiten nachgegangen ist. Doch das Ende ist nahe, das Durcheinander auf dem Kriegsschauplatz nimmt zu, und es ist schwierig, seine Spur zu verfolgen. Und doch kann seine Marschroute in den letzten Kriegstagen manches Geheimnis klären. Waldheims Rechtfertigungsschrift vom 12. April 1986, aber auch seinen zahlreichen Presseerklärungen zufolge ist er mindestens bis zum 20. April 1944 im Hauptquartier des Generals Löhr in Zagreb geblieben. Von dort sei er zu einer Infanteriedivision in der Nähe von Triest versetzt worden.

"In den letzten Kriegswochen wurden", schreibt er, "viele Offiziere und Soldaten, die einem Generalstab zugeteilt waren, zur kämpfenden Truppe versetzt, selbst wenn sie, wie es bei mir der Fall war, früher als untauglich zum Dienst in der kämpfenden Truppe befunden worden waren." Er hätte über Kärnten Triest erreichen sollen, sei aber bei seinem Versuch, von dort aus nach Süden zu gelangen, auf die feindlichen Linien gestoßen. Darum wollte er nordwärts zurückkehren, "um die Unmöglichkeit zu melden, die ihm zugewiesene Einheit zu erreichen". (Man achte auf sein intaktes Pflichtgefühl, als bereits alles in Auflösung begriffen war!) Auf dem Weg habe er von der Kapitulation erfahren und sich über die Berge eiligst zu seiner Familie begeben.

Seiner Gewohnheit gemäß präsentiert Kurt Waldheim seine Version der Ereignisse auf die unverblümteste Weise, so als käme der Bericht seiner Heimkehr aus dem Balkankrieg nicht nach vierzig Jahren, während denen er selbst seine Anwesenheit in Jugoslawien und Griechenland verheimlicht hatte! Da sein Versetzungsbefehl nach Triest nicht wiedergefunden wurde, fällt es schwer, seine Darstellung unbesehen zu übernehmen. Sie scheint zumindest in einem Punkt sehr merkwürdig: Warum sollte sich General Löhr von seiner Aufklärungs- und Abwehrabteilung gerade zu einem Zeitpunkt getrennt haben, als es nötig war, die Kriegslage genauestens zu kennen, wollte man seinen Abgang erfolgversprechend vorbereiten, und man versuchen mußte, die Widersprüche innerhalb der jugoslawischen Widerstandsbewegung maximal auszunützen, um die eigene Haut zu retten?

Vom 15. November 1944 bis Februar 1945 blieb der Generalstab Löhrs in Sarajewo und zog sich anschließend nach Zagreb zurück. Der Stab blieb bis zum letzten Augenblick auf jugoslawischem Boden, weshalb die Partisanen mehrere seiner Mitglieder verhaften konnten. Am 7. Mai 1945 kam eine Abordnung der Partisanen ins Hauptquartier von Löhr in Sevnica in der Nähe von Zagreb, um die Verhandlungen über die Kapitulation der deutschen Truppen aufzunehmen. Einer der Teilnehmer an diesem Treffen, Hauptmann d.R. Milan Skero, läßt keinen Zweifel daran, daß Oberleutnant Waldheim zu diesem Zeitpunkt noch bei Löhr war!

Vladimir Dedijer, Tito-Biograph, ehemaliger Partisanenoberst, Chef der jugoslawischen Abwehr nach der Befreiung, seit 1966 Mitglied des Russel-Tribunals, besitzt nicht weniger als 244 Dokumente, die Oberleutnant Waldheim direkt oder indirekt betreffen. Wie er uns im Juni 1986 erklärt hat, besteht auch für ihn kein Zweifel daran, daß der junge österreichische Offizier am Vorabend der deutschen Kapitulation sich noch bei Löhr aufhielt. Derselben Ansicht ist der Historiker Bogdan Kryszman, Spezialist der Geschichte Kroatiens, der uns gegenüber die Vermutung äußerte, Kurt Waldheim sei kurz in die Gefangenschaft der jugoslawischen Partisanen geraten, habe aber bald darauf entfliehen können.

Die Umstände der Kapitulation von Löhr und seinem Stab sind umstritten. Der österreichische General hatte zwar über die Kapitulation mit Vertretern Jugoslawiens verhandelt, marschierte dann aber "manu militari" nach Südösterreich, das unter anglo-amerikanischer Kontrolle stand. Bei Bleiburg ergab er sich den Engländern. Zwei Jahre nach seiner Auslieferung an Jugoslawien wurde er zum Tod durch den Strang verurteilt.

Zeugen haben bestätigt, daß Kurt Waldheim sich um den 15. Mai 1945 in der Ramsau aufhielt, wo kurz zuvor seine Frau eine Tochter zur Welt gebracht hatte. Zwar hatten die Allierten ihm diese Freizügigkeit eingeräumt, behielten ihn aber doch im Auge. Von Ende Mai bis Anfang August 1945 wurde er in einem US-Camp bei Bad Tölz interniert. Dort wurde möglicherweise ein Handel abgeschlossen, der es dem jungen Oberleutnant erlaubte, ein neues Leben anzufangen: Er könnte gegen Informationen (und er besaß viele!) die Erlaubnis erhalten haben, nach Wien zurückzukehren und dort zu leben, als ob seit 1942 nichts passiert sei.

Am 30. August 1945 meldete sich Waldheim zum Dienstantritt als Referendar beim Oberlandesgericht Wien. Am 26. November, nach einem Monat am Bezirksgericht Baden, nahm er seinen Dienst im Bundeskanzleramt, Amt für Auswärtige Angelegenheiten, auf. Sein kurzes Dienstverhältnis in Baden, wo sein Vater wohnte, beweist, wie sehr er bereits reingewaschen war, da er offenbar in keiner Weise zögerte, sich in dieser in der sowjetischen Besatzungszone liegenden Stadt aufzuhalten.

Nur fünf Monate nach der deutschen Niederlage waren die "dunklen Jahre" vergessen. Dieser plötzliche Gedächtnisschwund hunderter Österreicher, die in Kriegsverbrechen verwickelt waren, wurde bisher von der Geschichtswissenschaft nicht untersucht. Diese Frage darf freilich in einem Land, dessen internationale Anerkennung auf einer Lüge beruht, nicht gestellt werden. Ben Sira sagt: "Es ist besser, ein Dieb zu sein, als ein hartnäckiger Lügner." Er sagt aber auch: "Das Herz des Menschen zeigt ihm besser, was ihn erwartet, als sieben Wächter auf einem Wachturm."

III

Die Kunst der Lüge

"Das habe ich getan", sagt mein Gedächtnis.
"Das kann ich nicht getan haben", sagt
mein Stolz und bleibt unerbittlich.
Endlich -- gibt das Gedächtnis nach.

Nietzsche

Im Dezember 1947 war die Staatskommission der Volksrepublik Jugoslawien zur Aufklärung von Kriegsverbrechen zu Schlußfolgerungen gelangt, die Waldheim stark belasteten. Als nächsten Schritt galt es, die Zustimmung der alliierten Kommission für eine Strafverfolgung zu erhalten, da sich der Gesuchte in Österreich, das unter dem gemeinsamen Schutz der vier Besatzungsmächte stand, aufhielt.

Der Vorsitzende der jugoslawischen Kommission, Professor Dusan Nedljković hatte die Akte mit einem ausführlichen Begleitschreiben am 25. Dezember an die jugoslawische Botschaft in London übermittelt, da dort die internationale Kriegsverbrechens-Kommission tagte. Der "flüchtige" Waldheim solle rasch ein Verfahren erhalten, da die ihn betreffenden Berichte "vollständig und ausreichend" seien. Ihm sei bekannt, daß Kurt Waldheim "sich gegenwärtig in Österrreich aufhält, und zwar nicht nur als freier Bürger, sondern daß er sogar den Posten eines Sekretärs im Außenministerium bekleidet."

Doch wurde - und dies ist nur das erste Glied in einer langen Kette von bürokratischen Schlampereien und Versäumnissen der Behörden - der Vertreter Jugoslawiens in Wien von diesem Verfahren nicht in Kenntnis gesetzt. Bogdan Kryszman, der bis 1948 Sekretär der jugoslawischen Botschaft in der österrreichischen Hauptstadt war, bestätigte uns gegenüber, daß man ihn nie auf den Fall Waldheim aufmerksam gemacht habe. Waldheim, mit dem er fast täglich zusammenkam, behandelte ihn "mit der größten Zuvorkommenheit" und hütete sich selbstverständlich, mit dem Botschafter der verhaßten Partisanen über die drei Jahre, die er auf dem Balkan verbracht hatte, zu sprechen. Waldheim machte nicht die geringste Anspielung darauf.

In London erledigte die Internationale Kommission, der unter britischem Vorsitz Vertreter von 17 Staaten angehörten[36], das jugoslawische Ansuchen ziemlich rasch. Dabei ist ja an sich schon sehr aufschlußreich, daß sie es nicht zurückwies. Nach dem jugoslawischen Historiker Vladimir Dedijer waren nämlich 75 % der mehreren hundert jugoslawischen Anträge auf Strafverfolgung in London als unbegründet angesehen worden.

Am 19. Februar 1948 wurde der Fall Waldheim (R/N/684) unter dem Aktenzeichen "A", also als dringend eingestuft. Auf der ersten Seite der Akte, die den Titel "United Nations War Crimes Commission" und die Zahl 7744/4/G/557 trägt, wird ausgeführt, daß Waldheim wegen "Geißelerschießungen und Mord", wegen "Verletzung der Artikel 23b und c, 46 und 50 der Haager Konvention von 1907, und des Artikels 3, Absatz 3 des Gesetzes über die Verbrechen gegen die Völker und die Staaten aus dem Jahre 1945" verfolgt werden müsse.

Die Waldheim vorgeworfenen Tatbestände sind wie folgt zusammengefaßt: "Waldheim, Kurt, Oberleutnant, Abwehroffizier der Ic-Abteilung des Generalstabs der von General Löhr befehligten Heeresgruppe E, ist für Vergeltungsmaßnahmen von Wehrmachtseinheiten in Jugoslawien verantwortlich, da die Heeresgruppe E damit beauftragt war, die vom OKW (Oberkommando der Wehrmacht) erlassenen Befehle zu Vergeltungsmaßnahmen durchzuführen. Der Generalstab Ic der Heeresgruppe E fungierte demnach als Instrument für Massaker an mehreren Teilen der serbischen Bevölkerung." Seltsamerweise betrachteten die zuständigen Stellen der Alliierten Waldheims Aufenthaltsort damals als "unbekannt", wo es doch bestimmt nicht schwierig gewesen wäre, das Bundeskanzleramt hinter dem berühmten Wiener Heldenplatz ausfindig zu machen.

Während also Waldheims Name an höherer Stelle genannt wurde, bemühte sich der junge demobilisierte Offizier zu einer Zeit, als in Österreich die Entnazifizierung auf der Tagesordnung stand, seine politische Unbescholtenheit bescheinigen zu lassen. Bereits im August 1945 konnte er Schreiben der SP- und VP-Führung seiner Heimatstadt Tulln vorlegen, die bestätigten, er sei immer ein Nazi-Gegner gewesen.

Auf einem offiziellen, mit 3. November 1945 datierten Personalbogen gab er nur seine Zugehörigkeit zum SA-Reiterkorps zu. Drei Wochen später trat er seinen Probedienst im Bundeskanzleramt, Amt für Auswärtige Angelegenheiten, an. Das im Zuge der Entnazifizierungspolitik vorgesehene reguläre Prüfungsverfahren wurde eingeleitet, oder besser gesagt, begann eingeleitet zu werden. Eine ihn betreffende SK-Akte 235 wurde am Oberlandesgericht Wien angelegt, doch wurde die Ermittlung über seine Tätigkeiten seit 1938, die theoretisch am 15. April 1946 aufgenommen worden war, bereits am 29. Juni, als Kurt Waldheim endgültig in den Außendienst übernommen wurde, wieder eingestellt.

Kurt Waldheim kann also nicht behaupten, wie er es vierzig Jahre später tat, daß ihn die behördliche Untersuchung von jedem Verdacht reingewaschen habe. Es waren vielmehr die verantwortlichen Stellen des österreichischen Ministeriums, die das Verfahren schnell abbrachen, da sie es für richtig hielten, ihn in den Außendienst aufzunehmen und so seiner vollständigen Wiedereingliederung in das zivile Leben ihre Zustimmung zu geben.

Die Absolution, ein formaler Akt der Verwaltung

Österreich war zu dieser Zeit noch nicht Mitglied der Vereinten Nationen, denen es erst 1955 nach der Unterzeichnung des Staatsvertrags beitrat. Die Kontakte der österreichischen Regierungsvertreter mit den alliierten Mächten wurden in wesentlich stärkerem Maße über die zwischen Widerstand und Alliierten angeknüpften Verbindungen abgewickelt als auf dem normalen diplomatischen Weg: Der Errichtung des österreichischen Staatsapparates lagen persönliche Beziehungen und Kontaktnahmen zwischen den Geheimdiensten zugrunde. Wien war damals in jene zugleich undurchsichtige und aufregende Atmosphäre getaucht, die Graham Green im "Dritten Mann" so eindringlich nachempfinden sollte, im rätselhaften Schatten des Riesenrads.

Kurt Waldheim wandte sich auf der Suche nach Arbeit, die seinen ehrgeizigen Plänen entsprach, an das Kabinett des österreichischen Außenministers Karl Gruber und wurde von dessen Sekretär Fritz Molden empfangen. Molden war im Krieg Verbindungsmann des österreichischen Widerstands zu den Alliierten gewesen. Er war mit der leiblichen Nichte von Allen Dulles verheiratet, dem Chef des amerikanischen Geheimdienstes in Europa (OSS, Vorläufer der CIA). Er war mit 27 Jahren gleich alt wie Waldheim und wußte, daß gewisse Gerüchte über den Antragsteller kursierten, maß ihnen aber keine übermäßige Bedeutung zu. "Held war er keiner", sollte er von Kurt Waldheim sagen, als er ihn 1986 in Schutz nahm. Aber die damalige Koalitionsregierung von SPÖ, KPÖ und ÖVP suchte eher kompetente und dienstbeflissene Fachkräfte als Helden.[37]

Wie Gruber und die meisten höheren Beamten Österreichs wußte Molden, daß die Mehrheit der Wähler einst den Anschluß begrüßt hatte, daß mehr als fünfhunderttausend von ihnen den nationalsozialistischen Verbänden angehört hatten und daß es gefährlich war, den Graben zwischen den aus dem Widerstand hervorgegangenen politischen Führungskräften und jener schweigenden Mehrheit zu vertiefen. 1963 beschrieb Karl Gruber in seinen Memoiren diese Situation: "Die politische Entwicklung seit dem Jahre 1918 hatte innerhalb des österreichischen Beamtenkörpers ein heilloses Durcheinander hervorgerufen. 1918 schieden viele Monarchisten aus, 1934 wurden die Sozialisten aus den höheren Stellungen entfernt, 1938 christliche und parteilose österreichische Patrioten, 1945 endlich die Nationalsozialisten. Es gab daher nur wenige Beamte, die von 1918 bis 1945 im Dienst verblieben waren. (...) Der überwiegende Teil des Personals mußte deshalb ohne Ausbildung und ohne Diensterfahrung, gewissermaßen von der Straße angeworben werden. Die Sprachkenntnisse der jüngeren Generation waren infolge der systematischen Absperrung von der Außenwelt durch Besetzung und Krieg bescheiden."[38]

Was der Diplomat in dieser mitleiderregenden Schilderung des Ballhausplatzes - dem österreichischen Quai d'Orsay - in der frühen Nachkriegszeit aber verschweigt, ist, daß kompetente und über Sprachkenntnisse verfügende Fachleute nach Wien zurückgekehrt waren: die von den Nazis in die Emigration Getriebenen. Aus politischen Gründen aber setzte Gruber alles daran, um ihnen den Eintritt in das diplomatische Korps zu versperren. Es schien ihm besser, einen Kurt Waldheim mit zwielichtiger Vergangenheit einzustellen, als einen Emigranten, dem man nichts vorwerfen, den man aber auch nicht politisch kontrollieren konnte. Und diese Entscheidung erhielt die stillschweigende Zustimmung der Alliierten. Auf Verlangen Grubers erkundigte sich Molden offiziell bei der Staatspolizei, beim Innenminister - dem Sozialisten Oskar Helmer - und vor allem bei den für Spionageabwehr zuständigen Stellen der Alliierten. Letzteren erschienen die moralischen Forderungen der Londoner Kommission als ein überflüssiger Luxus. Daß man die größten Fische in den Fangnetzen des Nürnberger Prozesses herzeigte, dagegen sei nichts einzuwenden. Aber in der politischen Praxis müsse man auf Leute mit mehr oder minder zwielichtiger Vergangenheit zählen. Zwischen denjenigen, die versuchten, eine gerechte Antwort auf die begangenen Verbrechen zu finden, und jenen, die so schnell wie möglich die von Hitler blitzartig hinweggefegten staatlichen Strukturen Europas wieder errichten wollten, vertiefte sich der Graben. Zwei Denkweisen, zwei moralische Systeme standen einander gegenüber. Der "Realismus" trug den Sieg davon. So gesehen spiegelt der Fall Waldheim die Geschichte dieses Jahrhunderts wider.

Verfehlte Entnazifizierung

Die Affäre um Waldheim rief ein beträchtliches Mißverhältnis zwischen der öffentlichen Meinung in Österreich und dem Rest der Welt hervor. Die Österreicher fühlten sich unvermutet angegriffen und hatten den Eindruck, man zeige mit dem Finger auf sie und verweise sie allesamt auf die dunkelsten Stunden ihrer Vergangenheit, die zu vergessen sie sich so lange bemüht hatten. In der Tat, außer einige aufmerksame Beobachter des politischen und intellektuellen Geschehens in Österreich hatte bis dahin dieser seltsame kollektive Gedächtnisschwund und dieser weitgehende Verdrängungswille niemanden gekümmert, während in Deutschland nach 1945 die NS-Verbrechen ein Hauptthema in den politischen Debatten waren.

Die durch nichts gestörte Gewißheit ihrer kollektiven Unschuld, auf die sich die Österreicher in ihrer Mehrheit beriefen, wurde nur unwesentlich von verschiedenen Affären getrübt, die der Polemik um Waldheim vorausgegangen waren. Österreich hatte 1975 ohne größere Krise den Skandal um den ehemaligen Vorsitzenden der FPÖ Peter, einen früheren SS-Mann überwunden, der von Simon Wiesenthal, dem Leiter des jüdischen Dokumentationszentrums, beschuldigt wurde, an Massenhinrichtungen von Partisanen und Juden an der Ostfront teilgenommen zu haben.[38a]

Aus dieser Zeit rührt im übrigen die tiefe Verstimmung zwischen Bruno Kreisky und Simon Wiesenthal her. Sie äußerte sich von neuem in der gegensätzlichen Haltung, die beide Kurt Waldheim gegenüber einnahmen. Während der ehemalige Bundeskanzler in einer aufsehenerregenden Erklärung im April 1986 seine lange Freundschaft mit dem ehemaligen Generalsekretär der UNO aufkündigte, ließ Simon Wiesenthal wenigstens zu Beginn der Affäre Kurt Waldheim seine Unterstützung zuteil werden, im wesentlichen allerdings aufgrund seiner SPÖ-feindlichen Haltung.

1985 führte dann der Empfang, den Verteidigungsminister Friedhelm Frischenschlager dem nach mehreren Jahrzehnten Kerker aus italienischen Gefängnissen entlassenen Kriegsverbrecher Walter Reder zuteil werden ließ, zu keiner Krise der kleinen Koalition von SPÖ und FPÖ, der Partei Frischenschlagers, obwohl zur gleichen Zeit der Jüdische Weltkongreß in Wien seine Generalversammlung abhielt.

Seit 1945 hatte sich Österreich daran gewöhnt, daß ehemalige hohe NS-Mitglieder wieder ins Rampenlicht der Öffentlichkeit traten, mit Unterstützung aller politischen Parteien: der FPÖ natürlich, deren offen eingestandenes Ziel es ist, ehemalige Nationalsozialisten für sich zu gewinnen, und die zu ihren Gründern Anton Reinthaller zählt, der in der vom Nationalsozialisten Arthur Seyss-Inquart gleich nach dem Anschluß gebildeten kurzlebigen österreichischen Regierung den Posten eines Landwirtschaftsministers innegehabt hatte, aber auch der ÖVP und der SPÖ. Leopold Wagner, Landeshauptmann von Kärnten und einer der hervorstechendsten SPÖ-Politiker, hat zum Beispiel aus seiner Rolle im Reichsverband der Hitlerjugend nie einen Hehl gemacht.

In den Augen der Mehrheit der Österreicher bildet also die Vergangenheit Kurt Waldheims in keiner Weise ein Hemmnis auf seinem Weg nach oben. Kurt Waldheim ist, im Unterschied zu anderen Persönlichkeiten aus Politik und Wirtschaft, eher weniger "etikettiert" und wirkt in erster Linie als jemand, der "seine Pflicht erfüllt hat", in gleicher Weise wie Millionen seiner Landsleute. Sollte man ihn im Namen einer universellen Moral für schuldig erklären, würde sich ein ganzes Volk vor das Tribunal der Geschichte gezerrt fühlen.

Nach der in Österreich in den Monaten nach den Präsidentschaftswahlen mehrheitlich vertretenen Auffassung bestand der einzige Fehler Waldheims darin, daß er nicht unverblümt seine Vergangenheit eingestanden, sondern versucht hatte, die Wahrheit zu verschleiern, mit dem Ziel, sich über das Durchschnittslos zu erheben und seine Karriere auf dem Image eines Antifaschisten aufzubauen, der er nie gewesen war, es sei denn indirekt, über seine Familie...

Die Aufarbeitung des Nationalsozialismus im österreichischen Kollektivbewußtsein weist keinerlei Gemeinsamkeiten mit den Entwicklungen auf, wie sie sich in anderen Ländern, die Bundesrepublik Deutschland mit einbegriffen, durchgesetzt haben. Man bemüht sich hierzulande in viel stärkerem Maße darum zu unterstreichen, wie sehr Österrreich unter den Folgen seiner Niederlage gelitten hat, als die Ungeheuerlichkeit eines totalitären Systems zu untersuchen, an dem ein großer Teil der Bevölkerung aktiv mitgewirkt hat, sei es als Mitläufer, sei es aus bewußter und begeisterter Zustimmung.

"Wir waren die ersten Opfer des Nationalsozialismus". Dieses Leitmotiv fungiert im heutigen Österreich als historisches Glaubensbekenntnis und stützt sich auf die berühmte Moskauer Erklärung vom 1. 11. 1943, unterzeichnet von den Außenministern der Vereinigten Staaten, der UdSSR und Großbritanniens. Dieser Text hat bei der späteren Fehleinschätzung der Verantwortlichkeit Österreichs im Zweiten Weltkrieg und für die dort begangenen Greueltaten eine zentrale Rolle gespielt.

"Die Regierungen Großbritanniens, der Sowjetunion und der Vereinigten Staaten von Amerika kamen darin überein, daß Österreich, das erste freie Land, das der Hitlerschen Aggression zum Opfer gefallen ist, von der deutschen Herrschaft befreit werden muß.

Sie betrachten den Anschluß, der Österreich am 15. März 1938 von Deutschland aufgezwungen worden ist, als null und nichtig. Sie betrachten sich in keiner Weise gebunden durch irgendwelche Veränderungen, die nach diesem Zeitpunkt in Österreich vorgenommen wurden. Sie geben ihrem Wunsch Ausdruck, ein freies und unabhängiges Österreich wiederhergestellt zu sehen und dadurch dem österreichischen Volke selbst, ebenso wie anderen benachbarten Staaten, vor denen ähnliche Probleme stehen werden, die Möglichkeit zu geben, diejenige politische und wirtschaftliche Sicherheit zu finden, die die einzige Grundlage eines dauerhaften Friedens ist.

Österreich wird jedoch darauf aufmerksam gemacht, daß es für die Beteiligung am Kriege auf seiten Hitlerdeutschlands die Verantwortung trägt, der es nicht entgehen kann, und daß bei der endgültigen Regelung unvermeidlich sein eigener Beitrag zu seiner Befreiung berücksichtigt werden wird."

Österreich will heute von dieser Erklärung, die zu einem Zeitpunkt verfaßt wurde, als nichts weniger gesichert war als ein schneller Sieg der Alliierten über Hitler, nur den ersten Teil zur Kenntnis nehmen, in dem es als "erstes freies Land" bezeichnet wird, "das der Hitlerschen Aggression zum Opfer gefallen ist". Die Einbeziehung der anderen Teile des Dokuments und vor allem die Tatsache, daß es aus der Perspektive der militärischen und politischen Lage Ende 1943 verstanden werden muß, verändern seine Bedeutung beträchtlich.

Diese Erklärung ist vor allem eine Aufforderung an die Österreicher, sich gegen die nationalsozialistische Herrschaft zu erheben. Sie zielt darauf ab, das Hinterland des Reichs zu schwächen, dessen vorderste Truppenlinien noch tief im Osten stehen und das im Westen, acht Monate vor der alliierten Truppenlandung in der Normandie, seine militärische Oberherrschaft ausübt. Sie ist Teil der psychologischen Kriegsführung, indem sie den Österreichern "mildernde Umstände" als Belohnung zusichert, falls sie ihre Gesinnung in maßgeblicher Weise ändern.

Pflichterfüllung auf österreichisch

Man kann jedoch nicht behaupten, daß die Moskauer Erklärung tiefgreifende Auswirkungen gehabt hat. Im Gegensatz zu den Nachbarländern, auf die die Erklärung hinweist, und zwar insbesondere zu Jugoslawien, der Tschechoslowakei oder Ungarn, entwickelte sich der bewaffnete Widerstand gegen den Nationalsozialismus in Österreich nicht zu einem nennenswerten Faktor; erst in den allerletzten Kriegstagen, als die Niederlage unabwendbar schien, tauchten vor allem in Tirol "Widerstandsgruppen" auf, die den Einmarsch der Alliierten in Städte und Dörfer mit rot-weiß-rotem Flaggenschmuck, den Farben der wiedererlangten Unabhängigkeit, begrüßten. Allerdings handelte es sich auch hier nur um isolierte Kundgebungen. Bis zum letzten Moment erfüllten die meisten Österreicher ihre "Pflicht", wie z.B. der Vorgänger Kurt Waldheims, Bundespräsident Rudolf Kirchschläger, der als Hauptmann der Deutschen Wehrmacht nicht zögerte, an den Toren Wiens am Tag vor der Kapitulation noch halbe Kinder, die letzten Reserven der deutschen Armee, von sowjetischen Panzern niedermetzeln zu lassen.

Nach der Niederlage standen die Besatzungsmächte vor einem schier unlösbaren Problem: Wie säubert man das Land von den am stärksten mit dem Nationalsozialismus kompromittierten Elementen und hält gleichzeitig die Fiktion aufrecht, Österreich sei ein Opfer Hitlers gewesen? Jede alliierte Macht kam mit ihrer eigenen Vorstellung von Entnazifizierung nach Österreich.

Die Sowjets waren in erster Linie darum bemüht, jenen Kriegsverbrechern auf die Spur zu kommen, die in den finstersten Tagen des deutschen Vormarsches auf sowjetischem Staatsgebiet agiert hatten; die Amerikaner und Briten kamen mit Theorien, die im Exil von deutschen und österreichischen Emigranten meist marxistischer Orientierung ausgearbeitet worden waren, und die im Nationalsozialismus das Bündnis des Großkapitals mit den nationalistischen und reaktionären Kräften sahen.

Aber im Unterschied zu Deutschland wurde Österreich einem besonderen Entnazifizierungsverfahren unterworfen: Die Ad-hoc-Kommissionen setzten sich nicht nur aus Mitgliedern der Besatzungstruppen zusammen, sondern die Österreicher behielten über die Vertreter der drei 1945 zugelassenen Parteien (SPÖ, ÖVP und KPÖ) die Oberhand und verhandelten Fall für Fall das Los der ehemaligen Nationalsozialisten. Die Vertreter der Besatzungsmächte überwachten nur den reibungslosen Ablauf. Aber aufgrund ihrer Unkenntnis auf diesem Gebiet wurden sie von den österreichischen Kommissionen häufig hinters Licht geführt, da deren Mitglieder, welcher politischen Partei sie auch angehörten, sehr wohl wußten, daß sie in der Zukunft an der Seite derjenigen würden leben müssen, über die sie jetzt zu urteilen hatten. Wenn es also in der ersten Phase der Entnazifizierung, die kaum ein Jahr dauerte (April 1945 bis Jänner 1946), zu Internierungsmaßnahmen und zu Berufsverboten oder sogar zu Gerichtsverfahren und zu Todesurteilen für die am schwersten belasteten Nationalsozialisten kam, so bestand die Arbeit der Entnazifizierungskommissionen sehr bald darin, das beste Mittel zu finden, um die Betroffenen "reinzuwaschen". Ohne daß es die Aufmerksamkeit der Besatzer auch nur im geringsten erregte, wickelte man stillschweigend einen Tauschhandel ab, unter dem Motto: "Gibst du mir ein Zeugnis für dieses Mitglied meiner Partei, so erkläre ich jenes Mitglied deiner Partei für sauber..."

Unter diesen Bedingungen ist es kaum erstaunlich, daß Kurt Waldheim keine Schwierigkeiten hatte, von der provisorischen Landesbehörde Niederösterreichs ein Zeugnis zu erhalten, das ihn in die Klasse der "Nichtbelasteten" einstufte. Bestand nicht die ganze Kunst der österreichischen Vertreter in den Kommissionen darin, möglichst vielen eine Verurteilung zu ersparen, in der Hoffnung, daß sich die Wähler dafür dankbar erweisen würden? Das bedeutet natürlich nicht, daß sich niemand für seine Taten verantworten mußte: 40 Todesurteile und Tausende von Gefängnisstrafen wurden ausgesprochen, eine große Anzahl von Beamten wurde ihres Amtes enthoben, und allzu exponierten Studenten wurde das Studium verboten. Diese Beschlüsse kennzeichnen die erste Phase der Entnazifizierung in Österreich. Der österreichische Botschafter in Paris konnte in einem Leserbrief an die Zeitung Le Monde am Tag nach der Wahl Kurt Waldheims zum österreichischen Bundespräsidenten Zahlen liefern, die zeigen, daß die Entnazifizierung in seinem Land quantitativ durchaus nennenswerte Ergebnisse hatte.

Sieht man sich diese Entwicklung aber genauer an, wie es die im März 1985 in der österreichischen Hauptstadt auf Initiative des Wiener Instituts für Wissenschaft und Kunst zusammengetretenen Historiker versucht haben, dann ergibt sich ein ganz anderes Bild: Man ließ das Gewitter heruntergehen, aber dann wurde die ganze Energie des Landes darauf verwendet, Amnestiegesetze auszuarbeiten, die ab 1948 die Folgen der in der ersten Zeit unternommenen Entnazifizierung praktisch auf Null reduzierten. Die katholische Kirche, insbesondere der Erzbischof von Salzburg, Rohracher, setzte alles zur Protektion ehemaliger Nazis ins Werk, weshalb in der Stadt Mozarts bald ein Witz kursierte: "Kennen Sie den endgültigen Beweis für den Tod

Hitlers? Nun, wenn er noch lebte, hätte ihn Kardinal Rohracher unter seine Fittiche genommen."

Schwerwiegender war der erstaunlich stark gebliebene Einfluß der nationalsozialistischen Ideologie in der österreichischen Bevölkerung, wie dies eine der ersten Meinungsumfragen, 1948 von amerikanischen Besatzungstruppen durchgeführt, bezeugt. Drei Jahre nach dem Zusammenbruch des Dritten Reichs fanden noch mehr als 40 % der Bevölkerung, daß der Nationalsozialismus "eine gute Idee war", die nur schlecht ausgeführt worden sei, während 41 % sagten, es habe sich um eine "schlechte Idee" gehandelt....

Die Banalisierung des Nationalsozialismus

Der Kampf um die Stimmen der ehemaligen Mitglieder der nationalsozialistischen Partei, denen ab 1949 die Teilnahme an den Wahlen wieder erlaubt wurde, zog einen endgültigen Schlußstrich unter jedwedes Bemühen, die Kainszeichen des Nationalsozialismus endgültig auszutilgen, in einem Österreich, das sich vor allem nach einer "Normalisierung" der Verhältnisse sehnte.

Die provinzielle Kleinkariertheit, die die neuen Landesherren Österreichs kennzeichnete, erwies sich in ihrem vollen Ausmaß, als es darum ging, die österreichischen Opfer des Nationalsozialismus zu entschädigen. Während der westdeutsche Bundeskanzler Adenauer seine Ehre darein setzte, den Opfern und dem Staat Israel bedeutende Reparationszahlungen zu gewähren, weil er in dieser Geste die Bedingung dafür sah, daß sein Land wieder zu den zivilisierten Nationen gezählt werden konnte, empfing sein österreichischer Amtskollege Bundeskanzler Julius Raab Nahum Goldmann, den Begründer des Jüdischen Weltkongresses und Präsidenten der "Claims Conference", einer Organisation, die ermächtigt war, mit den betreffenden Staaten über Reparationszahlungen an verfolgte Juden zu verhandeln, mit den Worten:

"Als Jude und Österreicher sind wir beide Opfer des Nationalsozialismus". Worauf Nahum Goldmann antwortete: "Ja, Herr Bundeskanzler, deshalb bin ich auch gekommen, um Sie zu fragen, wieviel Geld die Juden den Österreichern schulden". Nahum Goldmann hatte die größten Schwierigkeiten, die Österreicher zu dem Eingeständnis zu bringen, daß die Zweite Republik die Passivbilanz der Hitlerperiode übernehmen müsse. Die von Österreich an die Überlebenden des Holocaust geleisteten Zahlungen waren wesentlich geringer, als die den deutschen Juden gewährten, und ihre Auszahlung begann erst zu Beginn der sechziger Jahre.

Am Höhepunkt der Affäre Waldheim zögerte der einflußreiche Leitartikler einer österreichischen Tageszeitung nicht, unter dem Titel "Anachronismus" folgende Sätze zu schreiben: "Dazu kam, daß die ehemaligen Nationalsozialisten durch Gesetze, die auf schwacher Rechtsbasis beruhten, schwer gestraft wurden und erkennen mußten, wie alle Taten, mit denen die anderen Parteien am Untergang der österreichischen Demokratie beteiligt waren, ungesühnt blieben. Sie fühlten sich deshalb genug bestraft und sahen keine Veranlassung, weiterhin Asche auf ihr Haupt zu streuen. Umso weniger, als die Sieger alle ihre Versprechungen brachen und die Verbrechen wiederholten, deretwegen sie die Deutschen bestraft hatten."

Dieser Text stammt nicht aus einem klammheimlich verteilten Neonaziblatt, sondern aus dem Leitartikel der Kronenzeitung vom 4. Mai 1986, der auflagenstärksten Tageszeitung Österreichs (900 000 Exemplare in einem Land mit 7,5 Millionen Einwohnern).

Zu den bedeutendsten Folgen der Affäre Waldheim in Österreich gehört in der Tat, daß sie eine öffentliche Einstellung an den Tag brachte, die den Bemühungen der revisionistischen Thesen von Faurisson in Frankreich ähnelt: Im Grunde sei der Nationalsozialismus nur ein banaler Totalitarismus gewesen, und die von ihm begangenen Abscheulichkeiten seien mit denen anderer Regime vergleichbar.

Die Verantwortung für die gescheiterte Entnazifizierung Österreichs fällt sicher nicht allein auf die Österreicher: Bald nach ihrer Ankunft in Österreich kam es den Alliierten viel mehr darauf an, im beginnenden Kalten Krieg gegeneinander Punkte zu gewinnen, als über die Genesung eines an seiner nationalsozialistischen Vergangenheit siechenden Österreich zu wachen. Die Franzosen trugen eine besondere Verantwortung an dieser Entwicklung: In ihrer Besatzungszone, die Tirol und Vorarlberg einschloß, verlief die Entnazifizierung am sanftesten, und der Oberkommandierende der französischen Streitkräfte in Österreich, General Béthouart, verdankt die Tatsache, daß er sich in Österreich immer noch großer Beliebtheit erfreut, zum überwiegenden Teil seinen Bemühungen, Amnestievorschläge vor den stärker zögernden Alliierten zu verteidigen... Die Besatzungsmächte, die alle dem Sicherheitsrat der UNO angehörten, waren also direkt und von Anfang an dafür verantwortlich, daß ein Kurt Waldheim durch das Netz der Entnazifizierung schlüpfen konnte.

Das Doppelspiel Jugoslawiens

Auf der jugoslawischen Seite gelang es Kurt Waldheim ebenfalls, sich aus der Affäre zu ziehen. Der Zweite Weltkrieg hatte in diesem Land einen besonders grausamen Bruderkrieg entfacht und die uralten und bitteren Haßgefühle zwischen den Nationalitäten geschürt: Kroaten kämpften gegen Serben, die Albaner aus der Region Kosovo schlugen sich als Kampfansage an den jugoslawischen Zentralstaat auf die Seite der Nazis, die kommunistischen Titoisten kämpften gegen die Cetnik-Nationalisten von Draza Michailović, genannt der Bergkönig. In Zagreb fuhren Straßenbahnen, deren Benutzung "Serben, Juden, Zigeunern und Hunden" verboten war. Ante Pavelić, ein kroatischer Handlanger der Nazis, erklärte am 7. Juni 1941 vor Hitler: "Wir sind keine Slawen, wir sind gotischer Abstammung".

Tito wußte nach Kriegsende genau, daß er diese noch allzu lebendige Vergangenheit nicht wachrufen durfte, wenn er seiner politischen Macht in der Föderation eine feste Grundlage geben wollte. Gewiß mußten die kroatischen Ustaschi, die die Nazis unterstützt hatten, zur Rechenschaft gezogen werden, aber die Verurteilung der wichtigsten Wegbereiter des kroatischen Faschismus war nicht immer eine leichte Sache. Erst 1986, als der Waldheim-Skandal aufbrach, sollte der kroatische Innenminister, der berüchtigte Andrija Artuković in Zagreb vor Gericht gestellt werden, nach langen Jahren des Asyls in den Vereinigten Staaten.[39]

Der junge jugoslawische Staat versuchte, die Hauptverantwortlichen der deutschen Besatzung ausfindig zu machen, aber ab 1948 wurde der Druck geringer: General Löhr wurde 1947 gehängt, aber seine rechte Hand, General Schmidt-Richberg wurde vor Abbüßung seiner in der Nachkriegszeit verhängten Gefängnisstrafe entlassen. Andere wieder entkamen endgültig jeder Strafe durch Flucht oder mit radikaleren Mitteln; der deutsche Kommandant von Zagreb, General von Horstenau, beging bei der Kapitulation Selbstmord.

Zur gleichen Zeit als die jugoslawische Kommission für Kriegsverbrechen sorgfältig Unterlagen zusammenstellte und sie nach London weitergab, verfolgten die jugoslawischen Geheimdienste in Wien völlig andere Zielsetzungen. Es handelte sich darum, Österreichern auf die Spur zu kommen, die sich bei nationalsozialistischen Gewalttaten mitschuldig gemacht hatten, aber zu dem alleinigen Zweck herauszufinden, wie sie "umgedreht", d.h. zu irgendeiner Zusammenarbeit gezwungen werden konnten, unter dem gesegneten Mantel des Schweigens, der sich damals über Österreich ausbreitete.

Kurt Waldheim war kein Held, er war aber auch kein Eichmann:

Er gehört zu jener Kategorie, die die alliierten Geheimdienste "average people" nennen, das heißt Individuen, deren Tätigkeiten im Krieg man nicht allzu genau auf den Grund gehen will. Sein Aufenthalt in einem amerikanischen Kriegsgefangenenlager nach der Kapitulation hatte es Waldheim erlaubt einzuschätzen, wie weit die Fähigkeit der Alliierten ging, die Augen zu schließen.

Anton Kolendić, 1946 bis 1948 stellvertretender Leiter der jugoslawischen Militärdelegation in Wien, erhielt 1947 ein geheimes Dokument aus Belgrad. Es handelte sich um eine Liste von 30 in Österreich lebenden Kriegsverbrechern, auf welcher der Name Kurt Waldheim aufschien. Der Leiter der Gesandtschaft, Bogdan Kryzsman, wurde nicht informiert, aber Kolendić wußte jedenfalls, daß dieser Beamte im Außenministerium, mit dem er täglich verkehrte, weit davon entfernt war, ein ruhiges Gewissen zu haben.

Vier Jahrzehnte später hat uns Anton Kolendić versichert, er habe diese Liste an seinen sowjetischen Amtskollegen, Oberst Gonda, weitergeleitet. Letzterer war Befehlshaber des 4. Bezirks in Wien, den die jugoslawische Liste besonders betraf, denn eine große Anzahl der genannten Personen wohnte in diesem Bezirk. Der jugoslawische Diplomat behauptet, nicht über den Gebrauch, den die Sowjets von dieser Liste gemacht haben, informiert worden zu sein, und es ist wahrscheinlich, daß es noch lange dauern wird, bis man mehr darüber wissen wird. Das völlige Stillschweigen, das die UdSSR 1986 bewahrte, als Waldheims Rolle in Frage gestellt wurde, zeigt sehr klar, daß die UdSSR noch weniger als die anderen ehemaligen Besatzungsmächte in Österreich wünscht, wieder auf diese Epoche zu sprechen zu kommen.

Österreich und Jugoslawien leben in enger Nachbarschaft. Im Laufe des Ersten Weltkriegs mobilisierte das Österreichisch-Ungarische Kaiserreich seine kroatischen Untertanen (‚prächtige Soldaten' unterstrich man gerne) gegen die Serben. Unter den Rekruten des in Zagreb gebildeten 25. Infanterieregiments befand sich ein 21-jähriger junger Mann namens Josip Broz, der sich später Tito nennen lassen sollte. Stabsfeldwebel Broz, der sich aus dieser Zeit eine überschwengliche Begeisterung für Johann Strauß bewahrte, hat seine Teilnahme an diesem Feldzug, der 132 000 von den 250 000 gegen die Truppen Kaiser Franz Josephs kämpfenden Serben das Leben kostete, immer verheimlicht.[40]

Der serbisch-kroatische Konflikt blieb in der Tat ständig eine schreckliche Bedrohung für die Föderationsbestrebungen der Titoisten. Nur ein einziges Mal vertraute sich Tito 1941 unter dem Siegel der Verschwiegenheit seinem Kampfgenossen Aleksander Ranković an, der später Chef der jugoslawischen Geheimpolizei OZNA wurde. Auf beiden Seiten der Karawanken legt man sich also Zurückhaltung auf, wenn es darum geht, die Vergangenheit zu erörtern. Außerdem scheint es, daß Tito selbst in den erbittertsten Kämpfen nie eine gewisse Bewunderung für die deutsche Kriegsmaschine verlor. So fand er "etwas von ihrem ritterlichen Geist" wieder, als die Abwehr der Deutschen Wehrmacht den Wunsch äußerte, mit ihm zu verhandeln.

Nach 1945 befürchteten die jugoslawischen Machthaber besonders, daß der in Wien gefundene Modus vivendi zwischen den vier Großen zusammenbrechen könnte. Sie lebten unter der Zwangsvorstellung, daß Jugoslawien im Fleischwolf der Einflußzonen zwischen Ost und West zermalmt werden könnte. "Der gesamte Kampf der Völker Jugoslawiens war ein Streitobjekt in den Gesprächen der Großmächte, auch während des Krieges", schreibt Vladimir Dedijer, der wichtigste Biograph von Tito, und die Tatsachen haben diese Befürchtungen nicht widerlegt: Am 21. September 1944 befand sich Tito in Stalins Arbeitszimmer (die beiden begegneten einander zum ersten Mal), als er erfuhr, daß die Briten in Jugoslawien gelandet waren.

Präsident Roosevelt verhehlte seine Abneigung gegen die territoriale Einheit Jugoslawiens nicht. 1951 eröffnete Churchill, daß sogar ein Vertrag zur Aufteilung Jugoslawiens in zwei gleiche Hälften zwischen der UdSSR und Großbritannien abgeschlossen worden war. Ein Jahr später äußerte Tito vor seinem Biographen Dedijer: "Die Russen informierten uns nicht über die Beschlüsse von Yalta, obwohl diese ein wahres Verbrechen gegen Jugoslawien darstellten."[41] Es war deshalb für Jugoslawien wichtig, die besten Beziehungen zu dem neuen österreichischen Staat aufrechtzuerhalten und jede Initiative zu vermeiden, die ihn destabilisieren könnte.

Nicht alle in Jugoslawien teilten dieses Konzept der internationalen Beziehungen, aber der Lauf der Geschichte beschleunigte sich, und von einem Tag auf den anderen verlagerten sich die vitalen Belange der jungen Republik auf andere Gebiete. Am 18. März 1948, also knapp einen Monat nach dem Beschluß der alliierten Kommission, Kurt Waldheim zu belangen, begann Stalin, die sowjetischen Experten, die er nach Jugoslawien gesandt hatte, unter dem Vorwand zurückzurufen, Tito habe ihren zu aufwendigen Lebensstil kritisiert. Moskau wollte seinen unbequemen Bündnispartner an seiner Achillesferse treffen: beim Wiederaufbau der Wirtschaft.

Dabei blieb es aber nicht, denn die offiziellen Parteiideologen hoben mit allen Mitteln die "grundlegenden" politischen Divergenzen hervor, die Tito zu einem Abweichler machten. Tito befürchtete einen Staatsstreich und ließ alle jugoslawischen Kommunisten überwachen, bei denen die von den Sowjets ausgesprochene Exkommunikation ein allzu bereitwilliges Ohr finden könnte. Als das KOMINFORM (Ersatzorganisation für die dahingeschiedene Kommunistische Internationale) am 28. 6. 1948 Jugoslawien offiziell verurteilte, waren schon zwei Internierungslager für ‚Kominformisten' auf den zwei jugoslawischen Adria-Inseln Goli und Sveti-Grgur errichtet. Die Männer der Geheimpolizei OZNA wurden auf diese Weise von anderen Aufgaben in Anspruch genommen, als der Verfolgung von ausländischen Staatsbürgern, die im Verdacht standen, Kriegsverbrechen begangen zu haben.

Durch die plötzliche Verschlechterung der sowjetisch-jugoslawischen Beziehungen herrschte eine gespannte Atmosphäre der Ungewißheit in Belgrad. Aus Furcht vor einer militärischen Intervention beschlossen die jugoslawischen Machthaber, die zentralen Archive in Sicherheit zu bringen. Diese enthielten eine bedeutende Dokumentation über den Balkankrieg, wenn auch den amerikanischen Streitkräften bei der Kapitulation ein großer Teil der Wehrmachtsakten in die Hände gefallen war. Während der Umlagerung kamen Dokumente abhanden oder wurden absichtlich verloren: Die Bruderkämpfe innerhalb der Widerstandsbewegung warfen weiterhin einen beunruhigenden Schatten auf das politische Leben in Jugoslawien, und der Wiederaufbau erforderte auch hier Schweigen über die Vergangenheit. Vladimir Dedijer, der 1947 damit beauftragt worden war, diese Archive zu überwachen, hat sich eine gewisse Anzahl von Akten beschafft und für sich behalten. Als die Zentralarchive von neuem in Belgrad eingerichtet wurden, wurden sie keiner wissenschaftlichen Klassifizierung und Analyse unterzogen. Die Journalisten der ‚Vercernje Novosti', die als erste die berühmte Akte gegen Waldheim aus dem Jahre 1947 wiederfanden, behaupten, daß sie sie rein zufällig aufgestöbert hätten. Noch dazu bewahrt jede Republik der jugoslawischen Föderation eifersüchtig ihre eigenen Papiere auf.

Bis 1954 verloren die historischen Führer des Widerstands die gemeinsame Erinnerung an die dunklen Jahre nicht aus dem Gedächtnis. Gewiß, die OZNA hat ihre Arbeit vor allem auf das Aufspüren von Soldaten konzentriert, die in Ereignisse verwickelt waren, die die kommunistischen Herren als störend empfanden. Auf diese Weise gelang es der Geheimpolizei, alle deutschen Teilnehmer an den geheimnisvollen Verhandlungen zwischen der deutschen Abwehr und den Partisanen im März 1943 zum Verschwinden zu bringen. Siegfried Kasche, bevollmächtigter Gesandter des Dritten Reichs in Zagreb, wurde zum Tode verurteilt und gehängt. Über seinen Prozeß wurde strengste Geheimhaltung bewahrt. General von Horstenau beging Selbstmord, aber dem "dritten Mann" dieser Affäre, Hans Ott, war es gelungen, nach Österreich zu fliehen. Eine Einheit der OZNA entführte ihn kurzerhand, brachte ihn nach Jugoslawien zurück, nahm ihn ins Verhör und beseitigte ihn ohne viel Federlesen.

Es wäre heikler gewesen, solch handgreifliche Methoden gegen einen Beamten im österreichischen Außenministerium anzuwenden, und vor allem war der Fall in seiner Größenordnung mit den anderen nicht vergleichbar. Nach der Meinung von Misha Broz, dem leiblichen Sohn Titos, dürfte der jugoslawische Staatschef die belastende Vergangenheit von Kurt Waldheim gekannt haben, aber er erachtete seinen Fall als "small potatoes", als Bagatelle sozusagen. Im Juni 1986 gab Broz junior, ein Geschäftsmann, der offen zugibt, keine Mitgliedskarte beim Bund jugoslawischer Kommunisten zu haben, auf der Insel Brioni dem Sonderberichterstatter der Jerusalem Post genauere Angaben.[42] Broz junior war zu diesem Zeitpunkt beauftragt, die OPEC-Minister zu ihrem Treffen auf Titos Sommerresidenz zu empfangen.

Der ehemalige jugoslawische Vizepräsident wiederum ist der Ansicht, daß Marschall Tito über Waldheims militärische Tätigkeit auf dem Balkan im Bilde war und versucht habe, daraus beim inzwischen zum Generalsekretär der UNO ernannten Waldheim Profit zu schlagen.

Die Haltung Titos gegenüber Waldheim wurde in jugoslawischen Regierungskreisen sicher nicht immer widerspruchslos geteilt. Ab 1954 wurden mehrere von Titos ehemaligen Waffenbrüdern entmachtet. Diese Säuberung beschloß ein Mann, der geschworen hatte, "daß unsere Revolution ihre Kinder nicht fressen wird". Sie wurde durch den Sturz einer anderen Zentralfigur des jugoslawischen Widerstandes, Milovan Djilas, ausgelöst. Djilas prangerte die Bürokratie und das pseudoaristokratische Gehabe der an die Macht gelangten Untergrundkämpfer an. Er wurde isoliert und kam zweimal ins Gefängnis. 1955 wurde Vladimir Dedijer aus der Partei ausgeschlossen, weil er Djilas verteidigt hatte. Elf Jahre später wurde der große Organisator der politischen Polizei Titos seinerseits, aber aus ganz anderen Gründen, gestürzt. Man warf ihm vor, in seiner Überwachungsmanie sogar das Telefon von Marschall Tito abgehört haben zu lassen.

Der jugoslawische Staat, dessen Vertreter 1972 Kurt Waldheims Amtsübernahme im Generalsekretariat der UNO miterleben, ist also nicht mehr unbedingt mit dem Staat der unmittelbaren Nachkriegszeit zu vergleichen. Der einzige der alten Generation, der 1986 bereit ist, sich über die Affäre Waldheim zu äußern, ist Vladimir Dedijer. Er stellt fest: "Ich kannte Tito seit 1937. Wir haben gemeinsam die Nazis bekämpft, mit ihm habe ich mich Stalin widersetzt. Seit 1954 jedoch hatten sich unsere Kontakte deutlich verringert. 1972 war Tito schon sehr alt. Vielleicht haben sie für ihn nicht in den Archiven nachgesehen?"

Im Dienste eines Staates mit Gedächtnisschwund

Kehren wir nach Wien zurück, in eine Stadt, die kaum der Apokalypse entronnen war, eine Stadt, die einst der "Mittelpunkt der Welt" war und die "Gebirge mit ihrem eigenen Schlamm aufgehäuft hat", wie Kafka sagte; eine Stadt, von nationalsozialistischer Herrschaft befreit, besetzt von ihren Befreiern, die bis 1955 hierblieben, nicht befreit von ihrer Geschichte, die sie wie die Pest meidet, ja stärker noch als die Pest, denn zu ihrem Gedenken errichteten die Wiener eine Säule am Graben, während kein Denkmal die Erinnerung an die 60 000 jüdischen Opfer des Nationalsozialismus in Wien wachhält.

"Ein russischer Soldat mit einer Pelzmütze auf dem Kopf und dem Gewehr über der Schulter geht vorüber (...) und in Wintermäntel gehüllt, schlürfen in den Fensternischen des Café ‚Old Vienna' ein paar Herren ihren Ersatzkaffee",[43] schreibt Graham Greene im "Dritten Mann": In Wien gewann die Nachkriegsnot den Anschein von Selbstbestrafung, und sie machte deutlich, daß die begnadete Zeit der Jahrhundertwende unwiderruflich der Vergangenheit angehörte.

Der Wiederaufbau Europas folgte nicht den von Churchill und Stalin zynisch ausgearbeiteten Plänen. Als sich der Kalte Krieg abzeichnete, wurde die alliierte Kommission für Kriegsverbrechen aufgelöst, wodurch nicht weniger als 36 000 eingeleitete Verfahren gegen verdächtige Personen in der Schwebe blieben. Eine Liste mit den 36 000 Namen (unter ihnen, an maßgeblicher Stelle, der Name Waldheim) wurde jedoch an jeden Mitgliedsstaat weitergeleitet. Abgesehen von einigen ‚Nazijägern' und der israelischen Polizei hatten alle die Suche nach Kriegsverbrechern aufgegeben.

Österreich, das in der Kommission über keinen Sitz verfügte, erhielt dieses Verzeichnis der 36 000 Personen nicht. Sie kamen alle frei, weil man es versäumt hatte, sie zu belangen; ihnen wurde verziehen, weil man es überdrüssig war, sie zu verfolgen. Mit dem Hinweis darauf, daß sie in ihrer Gesamtheit als Opfer des Nationalsozialismus klassifiziert worden waren, wollten die Österreicher vor allen Dingen einen Schlußstrich ziehen. Im vertraulichen Lebenslauf, den Kurt Waldheim 1945 Fritz Molden übergab, waren die Kriegsjahre auf dem Balkan ausdrücklich erwähnt, zum letzten Mal vor 1986. Das Geheimnis sollte gut gehütet werden.

Zum Zeitpunkt, als Kurt Waldheim seine Karriere im Außenministerium begann, könnte die Situation folgendermaßen gewesen sein: Die westlichen, sowjetischen und jugoslawischen Geheimdienste wußten

Bescheid, aber sagten nichts, die verantwortlichen politischen Stellen wollten nicht Bescheid wissen und sagten noch weniger.

Bisweilen ist auch behauptet worden, daß der junge österreichische Beamte als Preis für die erteilte Absolution zum Doppel-, Dreifach-, ja Vierfachagenten geworden sei. Sein Verhalten im Prager Frühling hat, so mag es scheinen, dieser Hypothese ein gewisses Gewicht gegeben. Als Chef der österreichischen Diplomatie hatte er den Befehl erteilt, daß die österreichische Botschaft in der im August 1968 von sowjetischen Panzern besetzten Hauptstadt der Tschechoslowakei politischen Asylwerbern ihre Tore verschließen solle. Österreichischer Botschafter in Prag war damals Rudolf Kirchschläger, der spätere österreichische Bundespräsident und Amtsvorgänger Waldheims. Waldheims Anweisungen brachten ihn auf, und er weigerte sich, ihnen Folge zu leisten.

Das Ereignis bringt nicht unbedingt dunkle Machenschaften ans Licht, sondern offenbart oder ruft vielmehr in Erinnerung, wie sehr Opportunismus für Waldheim charakteristisch ist und wie ausgeprägt sein Vermögen ist, in der jeweiligen Hauptströmung der Geschichte mitzuschwimmen, statt der Geschichte seinen Willen aufzuprägen. Der ehemalige Oberleutnant mußte nicht notwendigerweise Agent einer fremden Macht sein, um ein solches Verhalten an den Tag zu legen, es genügte ihm, als pflichttreuer Vertreter des neuen österreichischen Staates zu agieren. Dieser hat ihn, indem er ihn unter seine Staatsdiener aufnahm, von der Verpflichtung enthoben, auch nur die geringste Rechenschaft über seine Vergangenheit abzulegen.

IV

Das Schweigen der Staaten

Von ferne mit verworrnem Sausen
Arbeitet der geschäftge Tag,
Und durch der Stimmen hohles Brausen
Erkenn ich schwerer Hämmer Schlag.

Schiller

Nach seiner Niederlage bei der Präsidentschaftswahl von 1971 schien Kurt Waldheims Karriere in einer Sackgasse zu stecken. Der Mißerfolg der Volkspartei bei den Wahlen im Oktober 1970 hatte zur Bildung einer sozialistischen Alleinregierung unter dem Vorsitz von Bundeskanzler Kreisky geführt. Es war nicht einfach, einen Ausweg für die Situation des 52jährigen Kurt Waldheim zu finden, der zuvor zwei Jahre lang das Außenministerium geleitet hatte. Sollte er wieder in den diplomatischen Dienst gehen? Es war schwer vorstellbar, daß er nun den Anweisungen von Beamten Folge leisten sollte, die ihm zuvor unterstanden waren. Sollte er seine politischen Aktivitäten verstärken? Die schwere Niederlage gegen den Sozialisten Franz Jonas verschaffte ihm nicht die nötige Ausgangsposition, um die konservativen Truppen um sich zu scharen, die von dem neuen "starken Mann" Österreichs, Bruno Kreisky, der ebenfalls vom Ballhausplatz, dem Sitz des Außenministeriums kam, aus dem Feld geschlagen worden waren.

Die Lösung seines Problems verdankte Waldheim dann dem neuen Kanzler. Kreisky kannte Waldheim gut. Während seiner langen Dienstzeit als Staatssekretär, dann als Außenminister, war er ihm unterstanden. Er erhielt die Berichte des Botschafters Kurt Waldheim aus Ottawa, dann aus New York. "Die langweiligsten und plattesten Berichte, die ich je gelesen habe", bekennt heute der Ex-Kanzler. Aber bis zu dem Zeitpunkt, als die Enthüllungen über die Vergangenheit Kurt Waldheims so gravierend geworden waren, daß er sich distanzieren mußte, sprach Bruno Kreisky immer von "meinem Freund Kurt Waldheim". Eine eher nützliche als wirkliche "Freundschaft", denn alles trennt diese beiden Männer: politische Überzeugungen, persönliche Geschichte, Lebensstil. Bruno Kreisky ahnte damals jedoch, daß Waldheim ihm nützen könnte. Er kannte die weltpolitische Szene gut genug, um zu wissen, daß ein Diplomat vom Typ Waldheims, der weder eine ausgeprägte Persönlichkeit noch die Fähigkeit hat, selbst zu intervenieren, zuweilen nützlicher sein kann als ein Metternich, zumal, wenn man nur ein kleines Land vertritt, das im internationalen Geschehen nicht sehr ins Gewicht fällt.

UNO-Generalsekretär

Die Wiederbesetzung des Amtes des UNO-Generalsekretärs kam also gerade zur richtigen Zeit, um das Karriereproblem Kurt Waldheims zu lösen. Das Mandat von U Thant lief aus, und ein Nachfolger mußte gefunden werden.

Die zwei Supermächte, die sich damals in einer Phase der Entspannung befanden - die großen deutsch-deutschen Verhandlungen standen an ihrem Anfang und die langen und schwierigen Bemühungen, im Vietnam-Konflikt eine Lösung zu finden, wurden fortgesetzt -, wollten nicht wegen der Frage der Neubesetzung des Postens des UNO-Generalsekretärs aneinandergeraten. Am liebsten wäre es den USA und der UdSSR gewesen, wenn U Thant um ein drittes Mandat angesucht hätte. Aber er war krank und lehnte dies strikt ab. Also schlug jeder seinen eigenen Kandidaten vor. Die Sowjetunion war für Gunnar Jarring, den ehemaligen Botschafter Schwedens in Moskau. Die Amerikaner unterstützten den Finnen Max Jakobson, der Botschafter seines Landes bei der UNO war. Beide scheiterten an dem Veto jener Großmacht, die sie nicht aufgestellt hatte.

Max Jakobson, der heute Geschäftsmann in Helsinki ist, erklärte uns, warum die Sowjetunion ein Veto gegen seine Wahl einlegte: ",Unsere arabischen Freunde werden nie für einen Juden als Generalsekretär der UNO stimmen wollen', teilten mir die sowjetischen UNO-Delegierten mit." Aber für Max Jakobson war das nicht der Hauptgrund für seinen Mißerfolg: "Tatsache war, daß meine Vorstellung von der Rolle des Generalsekretärs niemandem recht war. Ich war für eine Verstärkung seiner Vollmachten und für mehr Interventionen im Krisenfall..."

Der Vorschlag Bruno Kreiskys, Kurt Waldheim als Kompromißkandidaten zu wählen, kam wie gerufen. Für die westlichen Mächte wie für die Sowjetunion war Österreich das Symbol der Entspannungspolitik zwischen Ost und West: Der Österreichische Staatsvertrag von 1955, der die Einheit und die Neutralität des Landes garantiert, hatte das Ende der heißesten Phase des Kalten Krieges bedeutet. Außerdem war Kurt Waldheim im Glaspalast am East River wohlbekannt; seine zehn Jahre an der Spitze der österreichischen UNO-Delegation hatten seine hochgewachsene Gestalt zu einer vertrauten Erscheinung gemacht. Und vor allem hatte niemand Angst vor ihm. Der amerikanische Botschafter Seymor Maxwell Finger, der Stellvertreter von George Bush, dem Chef der amerikanischen UNO-Delegation, gibt zu, daß "niemand ihn für einen Mann mit festen Grundsätzen hielt. Wir glaubten, er sei ein Opportunist, aber in den siebziger Jahren wollten wir einen beeinflußbaren und flexiblen Generalsekretär. Zehn Jahre lang hatten wir ihn dann..." Bei der Abstimmung im Sicherheitsrat (die vor der Abstimmung in der Vollversammlung am 22. 12. 1971 stattfand) enthielt sich nur Großbritannien der Stimme. Die Gründe dafür blieben ungeklärt und gaben zu keiner genaueren Erklärung der britischen Regierung Anlaß.

Die wesentliche Frage bleibt natürlich, ob die Großmächte in voller Kenntnis der Vergangenheit Waldheims für ihn gestimmt haben. Nach Seymor Maxwell Finger hat sich die amerikanische Delegation mit dem Lebenslauf zufriedengegeben, den Kurt Waldheim bei der amerikanischen Gesandtschaft eingereicht hatte und der eine unvollständige Fassung seiner militärischen Vergangenheit enthielt. Die Jugoslawen, die doch die Akte erstellt hatten, die in der UNO-Menschenrechtskommission aufbewahrt ist, erhoben keinen Einspruch gegen Waldheims Amtsübernahme. Schon 1958 hatte Tito seinen Dienststellen die Anweisung gegeben, nichts gegen den ehrgeizigen Diplomaten zu unternehmen. Die allseitige Zufriedenheit darüber, daß man den "Mann der Vorsehung" gefunden hatte, war anscheinend so groß, daß man eine solch bequeme Lösung nicht durch unbedachte Nachforschungen gefährden wollte.

Nur China widersetzte sich anfangs der Wahl Waldheims, nicht aus Mißtrauen, sondern weil es einen Politiker aus der Dritten Welt für das Amt des Generalsekretärs bevorzugte. Sofort nach seiner Bestellung reiste Kurt Waldheim eilends nach China, wurde königlich empfangen, aber bei seiner dritten Kandidatur an die Spitze der UNO fehlte ihm die Stimme Chinas erneut.

Wer wußte am 22. Dezember 1972 Bescheid, als der österreichische Diplomat gewählt wurde, um zehn Jahre lang - denn 1976 wurde er in seinem Amt bestätigt - in der 38. Etage des UNO-Hochhauses in New York tätig zu sein? Kurt Waldheim selbst wußte wohl, wieviel für ihn auf dem Spiel stand. "Bevor er weitere Schritte unternahm", meinte ein UNO-Beamter, "hat er sich vergewissern können, daß die amerikanischen und sowjetischen Vertreter, die üblicherweise immer Voruntersuchungen durchführen, nicht über seine Vergangenheit auf dem laufenden waren oder beschlossen hatten, sie zu vergessen."

Man muß sagen, daß es Waldheim gelungen war, alles gut zu vertuschen, denn auch 13 Jahre später ließ sich Julia Bright, eine Journalistin der Sunday Times, die sehr gute Verbindungen zur UNO besaß und keine besondere Sympathie für Kurt Waldheim empfand, durch die gefälschte Biographie irreführen, die er bei seinem Amtsantritt vorgelegt hatte. Jedenfalls mußte er alle Risiken ausschließen, und wenn er in seiner Autobiographie erzählt, daß er friedlich im Central Park spazierenging, während er das Abstimmungsergebnis des Weltsicherheitsrates abwartete, so wird Kurt Waldheim an diesem Tag wohl doch eine gewisse Aufregung verspürt haben.

"Kein Land konnte die Ehrenhaftigkeit Kurt Waldheims in Zweifel ziehen", erinnert sich in unserer Gegenwart Kosciusko-Morizet, der französische Vertreter im Weltsicherheitsrat zur Zeit der schon genannten Abstimmung: "Manche fanden ihn ja ein bißchen unbedeutend, aber er hatte keinen wirklichen Widersacher. Ich selbst hatte von meinem Minister Maurice Schumann die Weisung erhalten, für ihn zu stimmen. Falls es damals eine Ermittlung wegen seiner Vergangenheit gab, bin ich nie darüber informiert worden." Arkadi Schevtschenko, Sowjetrusse und stellvertretender Generalsekretär der UNO, der in der Zeit, als Waldheim der internationalen Organisation vorstand, in den Westen ging, bemerkt dazu: "In Moskau interessierte sich niemand dafür, was er in seiner Jugend getan hatte, und niemand hat seine Biographie genauer durchstöbert... Die Jugoslawen haben sicherlich die Sowjetunion über seine Vergangenheit in der deutschen Armee informiert, aber die Sowjetunion verfügt nicht über so gut organisierte Archive wie die Amerikaner. Diese Information ist wahrscheinlich in irgendeinem bürokratischen Dickicht hängen geblieben, und niemand hat sich darum gekümmert." (New York Times, 15. Juni 1986)

"Es wurde ein farb- und geruchloser Diplomat gebraucht", merkte ein hoher UNO-Beamter an, und die Auswahlkriterien waren ausgesprochen technischer Natur - Frankreich z.B. zog Waldheim Jakobson vor, da der eine Französisch sprach, der andere nicht. Wieder einmal hatten Waldheims Fremdsprachenkenntnisse über seine Zukunft entschieden.

Von allen betroffenen Mächten waren die USA wohl am ehesten im Besitz brauchbarer Informationen über Kurt Waldheim. Der ehemalige amerikanische UNO-Botschafter Daniel Patrick Moynihan schrieb z.B. in seinen 1978 veröffentlichten Lebenserinnerungen, daß er eines Tages zu George Bush gesagt hatte: "Unser Kandidat war ein sozialistischer Jude, aber an seine Stelle haben wir einen deutschen Infanteriesoldaten gesetzt..."

Der israelische Freibrief

Ein Land jedoch hätte mehr Wachsamkeit zeigen können als die anderen: Israel. Der hebräische Staat setzte jedoch aus Berechnung, Naivität oder politischem Opportunismus große Hoffnungen auf die Wahl Waldheims an die Spitze der UNO. Man hoffte, er werde weniger als sein Vorgänger auf die Thesen der Feinde des Judenstaates hören, und vor allem, er werde die Emigration der sowjetischen Juden fördern, die dank Bundeskanzler Kreisky damals in Wien eintrafen und von dort weiterreisten. In Tel Aviv wurde es also nicht gerne gesehen, wenn man über die Vergangenheit und die Anständigkeit eines Mannes, von dem man sich viel erwartete, Zweifel äußerte.

Haim Yavin, der erste Journalist, der vor 15 Jahren Kurt Waldheim über seine Vergangenheit befragte, hat das bitter zu spüren bekommen. Heute ist er Direktor des israelischen Staatsfernsehens, und er erzählte uns, daß er damals in New York, als er Waldheim am Tag seiner Wahl um ein Interview bat, ein junger Auslandskorrespondent war. "Ein Mitglied der österreichischen Delegation hatte mir ins Ohr geflüstert, daß er eine Nazi-Vergangenheit habe. Nichts Genaues, aber diese Information war mir neu. Daher frage ich ihn: ‚Hatten Sie Verbindung zur NSDAP, waren Sie Parteimitglied? Er kommt mir ein wenig verwirrt vor, aber ich selbst bin ganz schön nervös, auf jeden Fall gerät er nicht ins Schwitzen. Im Gegenteil, er setzt ein breites Lächeln auf, schüttelt den Kopf und sagt zu mir: "Keinerlei Verbindung. Im Gegenteil, meine Familie hat während der Nazizeit viele Probleme gehabt. Mein Vater war Beamter und entschiedener Nazigegner, wie wir alle, auch mein Bruder und meine Schwester. Mein Vater wurde aus seiner Stelle als Lehrer entlassen und ins Gefängnis geworfen. So können Sie sicher sein, daß keinerlei Grund vorlag, den Nazis gegenüber auch nur im mindesten freundlich gesinnt zu sein. Im Gegenteil, wir haben unter ihrer Herrschaft gelitten."

Yavin fragte weiter: "Wann haben Sie von den Judenvernichtungen und von den Aktionen gegen die Juden gehört?"

"Also, ich hatte als junger Mittelschüler jüdische Freunde, manche von ihnen sind jetzt in New York und haben mich kontaktiert. Ich war zutiefst betroffen, als ich von solchen Dingen hörte, und ich konnte nicht glauben, daß es wahr war. Aber wir konnten nicht viel tun."

Waldheim bestritt nicht, die Uniform eines Leutnants an der russischen Front getragen zu haben und erzählte, 1941 verletzt worden zu sein: "Der liebe Gott hat mir geholfen, und ich wurde nach Hause geschickt, um weiterzustudieren." Er erklärte auch, daß 1938 bei der Besetzung Österreichs durch die Nationalsozialisten kein Land auch nur den kleinen Finger gerührt hätte, um Österreich zu helfen: "Die Leute, die uns heute kritisieren, sollten sich an den Hilferuf Österreichs beim Anschluß erinnern."

Befriedigt ob der getanen Arbeit schickte Haim Yavin sein vierminütiges Interview ab. Es wurde gesendet. Und dann: "Ich hatte den Eindruck, daß alles auf mich einstürzte und ich etwas Fürchterliches getan hatte. Meine Vorgesetzten und die Zeitungen machten mir die schlimmsten Vorwürfe, weil ich gewagt hatte, einem so freundlichen Menschen so üble Fragen zu stellen." *Davar* (Arbeiterpartei) und *Haaretz* (unabhängig) fanden das Interview "unverschämt"; nach Meinung der *Jerusalem Post* hatte Yavin Waldheim "aggressiv" interviewt. Auch im Außenministerium reagierte man mißgestimmt: "Es wird behauptet, mein Interview könne einen wichtigen österreichischen Spitzenpolitiker wie Waldheim verärgern, zu dem wir doch gute Beziehungen haben sollten, zu einer Zeit, da sich die über Wien führende Auswanderungsbewegung der sowjetischen Juden verstärkt."

Eine Kippa und ein Apfelstrudel

André Lewin, der Waldheims Pressesekretär und der französische Übersetzer seiner Werke war, erinnert sich an den herzlichen Empfang, den die führenden israelischen Politiker dem Generalsekretär Waldheim bereiteten: "Golda Meir lud ihn zu sich nach Hause ein - in ihr schönes Haus in der Ruppinstraße in Jerusalem - und kochte für ihn, niemand machte irgendeine Bemerkung über seine Vergangenheit."

Und warum sollten "die Juden" auch den Umgang mit Waldheim meiden? Bekannte er nicht voll Stolz, daß er Weihnachten 1972 vom Amerikaner George Bush ein Geschenk bekommen hatte, einen kleinen Miniatur-Werkzeugkasten? Erzählte er nicht mit überschwenglicher Begeisterung, wie er und seine Frau bei seiner offiziellen Moskaureise Kaviar zum Frühstück aßen? Zählte er nicht genüßlich die Salutschüsse, mit denen er bei seiner Ankunft von diesem oder jenem afrikanischen Machthaber begrüßt wurde? Kurt Waldheim, der von all diesen Ehrenbezeugungen höchst angetan war - hatte er doch seine Karriere in der UNO 1955 als einfacher Beobachter begonnen -, konnte sich über die "verantwortungsbewußte" Haltung Israels nur erfreut zeigen.

Was Jerusalem anging, so vertrat es die Ansicht, daß Waldheim im Vergleich zu seinen Vorgängern U Thant und Dag Hammarskjöld für Israel einen guten Tausch bedeutete. Nur einige Male wurde diese relative Harmonie, die man fast idyllisch nennen könnte, getrübt. Im Juli 1976 ritt sich Kurt Waldheim anläßlich der israelischen Geiselbefreiung auf dem Flughafen von Entebbe in etwas hinein: Er bezeichnete sie als eine "gravierende Verletzung der Souveränität Ugandas". Auf Israels Kritik hin erklärte Waldheim sich anschließend darüber befriedigt, daß die Aktion erlaubt habe, 104 Menschenleben zu retten.

Der ehemalige ständige Vertreter Israels bei den Vereinten Nationen, Yehuda Blum, läßt heute in Gesprächen über Kurt Waldheim spitze Bemerkungen einfließen. Es ist aber bekannt, daß die beiden Männer am Rande der Sitzungen und bei den Empfängen in der UNO gute Beziehungen unterhielten. Yehuda Blum räumt ein, daß er kürzlich - vor Beginn der Affäre - bei einem Besuch in Wien Waldheim angerufen habe, der ihn zum Essen einlud. "Ich frage mich heute noch, wie so ein unbedeutender Mann so einen Posten bekommen konnte. Er wirkt auf mich wie ein kleiner karrierebesessener Politiker. Es ist mir nie gelungen, mit ihm über etwas anderes als über Politik zu sprechen", sagt Blum, der behauptet, nichts von Waldheims NS-Vergangenheit und nicht einmal etwas von den UNO-Akten über die NS-Verbrecher gewußt zu haben. "Ich bin sicher, daß in der israelischen Delegation niemand darüber Bescheid wußte." Gideon Rafael, israelischer Botschafter bei den Vereinten Nationen von 1967-1968, behauptet jedoch, er sei durchaus über die Existenz solcher Archive auf dem laufenden gewesen. Kurt Waldheim, den er noch als österreichischen Botschafter bei den Vereinten Nationen kennengelernt hatte, beschreibt er als "einen oberflächlichen Menschen, dessen Haupteigenschaft darin bestand, politische Einschätzungen abzugeben, die beständig falsch waren."

Aber die merkwürdigste Episode mit den meisten Fehlleistungen war der einunddreißigstündige Besuch Waldheims in Israel am 30. und 31. Juli 1973. Kurz nach seiner Ankunft wurde er zum Yad Vashem, der Gedenkstätte der Judendeportation in Jerusalem gebracht. Der ehemalige Staatsanwalt im Eichmann-Prozeß, Gideon Hausner, der ihn durch die Säle des Museums führte, zeigte ihm Fotos von dem Völkermord am jüdischen Volk und blieb lange vor einer großen Abbildung des österreichischen Lagers Mauthausen stehen. Hausner sagte, Waldheim habe ihm vor allem zugehört und drei- oder viermal "Ja, ja, ich weiß" oder "ich erinnere mich daran" gesagt, als er an Bildern vorbeiging, die den Anschluß zeigten.

Dann gingen sie zu dem Ohel Yizkor, wörtlich "das Zelt des Gedenkens". Dort brennt eine ewige Flamme zur Erinnerung an die sechs Millionen Juden, die der Vernichtung zum Opfer gefallen sind. Die Namen der Konzentrationslager sind auf schwarzen Steinplatten eingraviert, es ist eine Stätte des Gebets. Ein Wärter reichte Kurt Waldheim eine Kippa, das Gebetskäppchen, damit er seinen Kopf bedecke, bevor er hineingeht. Waldheim weigerte sich jedoch, sie zu nehmen und ging in die Krypta. Ein Leiter des Yad Vashem, der Direktor Haim Pazner, lief ihm nach, um ihm eine andere Kippa anzubieten. Kurt Waldheim nahm sie und steckte sie in die Tasche. Hausner versuchte ihn zu überreden, diese Kippa aufzusetzen - neuerlicher und endgültiger Mißerfolg. "Ich habe entschieden, daß die Zeremonie nicht unterbrochen werden sollte, aber Tatsache bleibt, daß Waldheim der erste Besucher von Yad Vashem ist, der je abgelehnt hat, bei einer Zeremonie im Ohel Yizkor seinen Kopf zu bedecken", erinnert sich Hausner.

Um seine Ablehnung zu erklären, sagte Waldheim: "Ich bin in meiner Eigenschaft als Generalsekretär der Vereinten Nationen hergekommen und ehre auf meine Weise das jüdische Volk, das so viel gelitten hat." Der Vorfall erregte Anstoß, und der Besuch Waldheims wurde davon überschattet. Am nächsten Tag versuchte Waldheim, seinen Fehler wieder gutzumachen, indem er es akzeptierte, beim Besuch einer Synagoge eine weiße Kippa aufzusetzen. Am Abend beging er einen neuen Mißgriff. Der Außenminister Abba Eban veranstaltete zu seinen Ehren ein Essen in seiner Residenz in Jerusalem. "Ich bringe einen Trinkspruch auf ihn aus. Er antwortet, daß er Jerusalem, unsere wunderschöne Hauptstadt, grüßt. Hat er das absichtlich getan? Die Frage ist noch offen", sagt Abba Eban heute. Ein solcher Ausspruch konnte tatsächlich Leidenschaften in den arabischen Hauptstädten entfesseln, die ebensowenig wie die anderen Nationen der Welt die Eroberung von Ost-Jerusalem und seine Annexion gelten ließen, nach der es offiziell zur ewigen Hauptstadt des Staates Israel ernannt wurde.

Jedenfalls beeilte sich Kurt Waldheim, ein geschraubtes Kommunique zu veröffentlichen, in dem er angab, daß er diesen gängigen Ausdruck aus Unachtsamkeit gebraucht habe, "in einer improvisierten Antwort auf einen Trinkspruch. Die Haltung der UNO zu dem Statut von Jerusalem ist allgemein bekannt, und es lag natürlich nicht in meiner Absicht, davon abzuweichen." Vier Jahre später kehrte Waldheim nach Jerusalem zurück. Shlomo Avinery, Abteilungsleiter im israelischen Außenministerium, hielt in seiner Gegenwart am 10. Februar 1977 einen Vortrag an der hebräischen Mount-Scopus-Universität über die österreichisch-israelischen Beziehungen. "Wie Sie wissen, Herr Waldheim, trug der Kaiser von Österreich einst den Titel des Königs von Jerusalem", sagte Avinery, der heute seine schmeichlerische Bemerkung bereut. Kurt Waldheim antwortete, daß er bewegt sei, wieder da zu sein: "Und dann möchte ich Ihnen für Ihre wunderbaren Apfelstrudel danken, die mir vielleicht noch besser schmecken als in Wien."

Der Schwanz des russischen Bären

Später vertrat Kurt Waldheim die Auffassung, er sei, was seine Vergangenheit betrifft, das Opfer von "Verleumdungen", und zwar weil er im Nahostkonflikt eine unparteiische Haltung gezeigt habe. Die Erklärung ist ausgesprochen perfide - sie unterstellt die Existenz eines jüdisch-israelischen Komplotts. Und sie entspricht kaum der wirklichen Situation, denn in dem arabisch-israelischen Konflikt hatte der UNO-Generalsekretär wie bei allen großen internationalen Krisen zunächst die Aufgabe, das auszuführen, was die Großmächte ihm empfahlen. Ab dem Zeitpunkt ihrer Gründung unterstand die Organisation der Vereinten Nationen der peinlich genauen Kontrolle Moskaus und Washingtons, die beide einem internationalen Forum, bei dem alle Stimmen gleich viel wert gewesen wären, ablehnend gegenüberstanden. Der UNO-Generalsekretär sollte also versuchen, auf die Bestrebungen der Dritten Welt einzugehen, ohne je das Gleichgewicht zwischen Ost und West, wie es die Supermächte definiert hatten, in Frage zu stellen.

Mehr als jeder andere war Kurt Waldheim bereit, sich diesen Erfordernissen anzupassen. Als der PLO-Chef Jassir Arafat am 3. November 1974 im Kampfanzug die UNO-Tribüne betrat und dadurch weltweit Aufsehen erregte, sorgte der österreichische Diplomat dafür, daß die Verantwortung für dieses Ereignis dem damaligen Vorsitzenden der Vollversammlung, dem Algerier Abdelaziz Bouteflika zugeschrieben wurde. Seine Vorsicht erschien nicht zuletzt dadurch begründet, daß der Palästinenserführer seine Revolvertasche weithin sichtbar am Gürtel trug. Später stellte sich heraus, daß sie leer war... "Politisch gesehen hat Kurt Waldheim während seiner zwei Mandate die Sowjetunion nicht besonders begünstigt. Er war vor allem ein Karrierist, der bereit war, alles zu akzeptieren, um seine Zukunft abzusichern." Diese Bemerkung eines hohen UNO-Beamten reicht schon allein als Antwort auf die erfinderischen Phantasien derjenigen aus, die sich vorgestellt haben, daß der ehemalige Oberleutnant zehn Jahre lang ein eifriger sowjetischer Agent an der Spitze der UNO gewesen sei. "Diese Organisation ist ein Glashaus, und diejenigen, die sie gut kennen, können über die Hypothese, daß Kurt Waldheim, während er in der Öffentlichkeit eine unparteiische Haltung einnahm, insgeheim entscheidende Informationen an diese oder jene Regierung weitergab, nur laut und herzlich lachen," schrieb ein amerikanischer Beobachter, der über die UNO gut informiert ist.[44]

Und Arkadi Schevtschenko, der Waldheim gegenüber keine besondere Dankbarkeit verspürt, da dieser sich nicht sehr hilfreich zeigte, als Schevtschenko in den Westen ging, sagte in dem schon zitierten Interview: "Die Sowjetunion hat nie versucht, Waldheim zu erpressen. Niemand, auch nicht der KGB, hat mir je gesagt: Arkadi, du kannst uns helfen, unsere Leute in der UNO unterzubringen, denn wir besitzen kompromittierende Informationen über Kurt Waldheim..." Einer seiner ehemaligen Mitarbeiter schloß: "Es war gar nicht notwendig, Waldheim zu erpressen, er sagte schon von allein, was man von ihm erwartete."

Es stimmt allerdings, daß der österreichische Diplomat immer sehr von der Sowjetunion fasziniert war. In das Wien der Nachkriegszeit waren die Sowjetrussen anfangs als Herren eingezogen und hatten einseitig die provisorische Regierung des Sozialisten Renner, eines ehemaligen überzeugten Verfechters des Anschlusses, anerkannt. Harry Truman und Winston Churchill mußten erst bei Stalin intervenieren, damit die westlichen Alliierten auch bei der Aufteilung von Wien dabeisein konnten.

Kurt Waldheim pflichtete nachdrücklich der Erklärung von Bundeskanzler Raab bei, es sei "unnütz, die ganze Zeit dem russischen Bären auf den Schwanz zu treten." Als großer Bewunderer Nikita Chruschtschows war er sehr erfreut, bei einem offiziellen Essen kurz vor seiner Wahl zum Generalsekretär neben dem sowjetischen Delegierten bei der UNO, Jakob Malik, zu sitzen. Nach der sowjetischen Intervention in Afghanistan am 27. Dezember 1979 warf man ihm seine geringe Eile vor, die Verletzung der internationalen Legalität zu verurteilen. Aber es war nur wieder sein Opportunismus, der wie schon im "Prager Frühling" die Oberhand gewonnen hatte.

Ein weniger bekanntes Ereignis führte dazu, daß gewisse westliche Beobachter ihn verdächtigten, mit Moskau unter einer Decke zu stecken, in Wirklichkeit aber zeigte es vor allem seine Geringschätzung für alles, was außerhalb des Protokolls lag. Im Frühjahr 1978 unterzeichnete Kurt Waldheim die Ernennung eines sowjetischen Beamten, Geli Dneprowsky, zum Personaldirektor des UNO-Hauptquartiers für Europa, was ein wichtiger Vertrauensposten ist. Auf diese Weise betraute er einen Mann mit der Oberaufsicht über 3000 Angestellte der internationalen Organisationen, den der amerikanische und britische Geheimdienst beschuldigten, Oberst des KGB zu sein.

Der Generalsekretär entschuldigte sich, ordnete eine Untersuchung über Dneprowsky an und ließ Gras über die Affäre wachsen.

Wenn die Sowjetunion eine große Rolle in den Überlegungen des österreichischen Diplomaten spielte, so wußte er doch ebenso genau, daß die UNO ohne die finanzielle Unterstützung der Vereinigten Staaten nicht bestehen würde. Die UNO kann nicht ohne die amerikanischen Subventionen auskommen, wenn sie ihre rastlosen Aktivitäten beibehalten - die Berichte, die jedes Jahr erstellt werden, füllen eine Milliarde Seiten, und jährlich werden etwa 7000 internationale Zusammenkünfte veranstaltet - und die üppigen Gehälter ihrer Angestellten weiterzahlen will. 1984 gab ein Finanzbericht an, daß das Haushaltsdefizit der Organisation 166 Millionen Dollar betrug, da neunzig Mitgliedstaaten nur einen geringen Teil ihrer Beiträge zahlen. Unter den säumigen Schuldnern zeichnet sich die Sowjetunion mit 42,5 Millionen Schulden aus, wobei sie auch noch für sich beansprucht, einen Teil ihres Beitrags in nicht umtauschbaren Rubeln zu zahlen.

Abstieg der UNO

Die Amtszeit Kurt Waldheims ging mit dem organisatorischen und politischen Abstieg der UNO einher. Es handelt sich dabei um eine lange Entwicklung, die sich z.B. 1985 in dem amerikanischen und britischen Boykott der UNESCO ausdrückte. Kurt Waldheim hat diesen Abstieg der UNO sicher nicht verschuldet, aber er fiel doch in seine Amtsperiode. "Er verwaltete die UNO denkbar schlecht", bemerkt ein UNO-Experte, "zu einem Zeitpunkt, da sie gerade eine straffe Organisation und Rationalisierung nötig hatte."

Jeder der Vorgänger Kurt Waldheims hatte eine spezifische Rolle gespielt, die politisch umstritten sein mochte, aber sehr entscheidend war. Der Norweger Trygve Lie hatte die Organisation bei ihren ersten Schritten in den Fährnissen der Nachkriegszeit und des Kalten Krieges begleitet. Seinen Nachfolger Dag Hammarskjöld, der aus der Organisation und ihrem Generalsekretär einen Interventions- und Entscheidungsfaktor machen wollte, der auch den Großmächten gewachsen sein sollte, ereilte ein tragisches Schicksal: Sein Tod im ehemaligen belgischen Kongo während der Unruhen nach der Unabhängigkeit dieses Landes blieb ungeklärt. Und der Burmese U Thant setzte sich während seiner zwei Amtsperioden geschickt dafür ein, daß die große Zahl jener Länder, die in den sechziger Jahren unabhängig geworden waren, auch in das internationale Forum einbezogen wurden.

Jeder dieser drei Männer bewies auf seine Weise, daß der persönliche Einsatz eines UNO-Generalsekretärs manchmal ausschlaggebend sein kann und daß seine historischen Verdienste sich nicht danach bemessen, ob er die Statuten der Organisation peinlich genau einhält. Sie setzten die Verächter des "Dingsbums", über das de Gaulle sich lustig gemacht hatte, ins Unrecht. Dieses Forum, vor dem jeder Staat, auch wenn er noch so klein ist, seine Stimme erheben kann, ist doch nützlich - trotz seiner Mängel, seiner schwerfälligen Bürokratie, seiner Ohnmacht den Supermächten gegenüber, seiner manchmal absurden Beschlüsse, die unter dem Druck automatischer Mehrheiten gefaßt werden; es ist nützlich, und sei es auch nur, um hier und dort durch den Einsatz der Blauhelme einen Anschein von Frieden und Sicherheit zu erhalten.

Wenn seine Vorgänger einigen Grund und Anlaß zu diesem Plädoyer gaben, so haben die zehn Jahre Kurt Waldheims an der Spitze der UNO kaum dazu beigetragen, das Amt des Generalsekretärs aufzuwerten. Das "Vertrauen der ganzen Welt", auf das er sich 1986 zu Beginn seines Wahlkampfes berief, war wohl eher die Art Vertrauen, die man einem vollendeten Butler entgegenbringt. Alle direkten Zeugen seines Wirkens, denen wir begegnet sind, sind sich in der Beurteilung seiner Person einig: "Langweilig, eingebildet, streng zu Untergebenen, honigsüß zu einflußreichen Personen," diese Beurteilung eines Mannes, dem freilich niemand auch nur im Traum je die Bosheit eines großen Verbrechers zutrauen würde, scheint sich heute allgemein durchzusetzen.

"Von meinen Begegnungen mit ihm", sagt der ehemalige israelische Außenminister Abba Eban, "bleibt mir der Eindruck, daß dieser Mann vortrefflich das Sprichwort, die Natur verabscheue die Leere, widerlegt. Er ist die Leere selbst. Unbestimmt und langweilig. Das Gegenteil eines außergewöhnlichen Menschen. Auf dem Posten des Generalsekretärs der UNO, wo keine geistige Initiative verlangt wird, war er der ideale Mann..." Für Max Jakobson bedeutet er "den deutschen Beamten in Reinkultur, fleißig und phantasielos."

Nur eine einzige, schnell gescheiterte Initiative, um bei den Völkern der Welt seine Ansichten durchzusetzen, wird ihm zugeschrieben. 1972, nach dem Massaker an den israelischen Sportlern bei den Olympischen Spielen von München, bat Bundeskanzler Willy Brandt den Generalsekretär der Vereinten Nationen, seine Macht zu gebrauchen, um die Frage des Terrorismus auf die Tagesordnung der Vereinten Nationen zu setzen. Kurt Waldheim gab diesem Ansuchen statt, machte aber sehr bald angesichts des Widerstandes der arabischen Länder und des Ostblocks einen Rückzieher. Erst 1985 wurde das Thema wieder an die erste Stelle der Tagesordnung gesetzt. Aber Kurt Waldheim war nicht mehr da. "Er war unglaublich von sich überzeugt", sagt Seymour Maxwell Finger. "Er wollte als Politiker von Weltformat anerkannt sein. Gleichzeitig besaß er jene Zurückhaltung, die ihm erlaubte, den Wünschen der Mächtigen entgegenzukommen. Dieser Widerspruch zwischen seinem Ehrgeiz und seiner Zurückhaltung machte ihn zu einem frustrierten und unzufriedenen Menschen."

Portrait eines Mannes, der die Macht liebte

Einer seiner direkten Mitarbeiter, der noch immer in der UNO arbeitet (und deswegen nicht genannt sein will) hatte wahrscheinlich unter den Auswirkungen dieser Frustration zu leiden. Er erinnert sich nämlich, welche Methoden Waldheim benutzte, um bei seinen Untergebenen seine Autorität durchzusetzen: "Meistens ließ er mich gerade an den Tagen wegen irgendwelcher Kinkerlitzchen abends lange im Büro bleiben, wenn ich es geschafft hatte, einen Platz in der Oper zu ergattern. Kein einziger Botschafter hat kürzer als vierzig Minuten gewartet, bevor er ihn in sein Büro vorließ. Selbst wenn das durch seine Zeiteinteilung nicht unbedingt erforderlich war, rächte er sich auf diese Weise dafür, daß man ihn einst hatte warten lassen..."

Nach einigem Zögern fährt unser Gesprächspartner fort: "Also, die Welt kennt Herrn Waldheim seit 1972, und ich kann Ihnen versichern, daß er als absolut taube Nuß im UN-Glaspalast am East-River residierte. Gott, der Mann war so eine Art beflissener Kammerdiener, der sich gleichzeitig nach vorne und nach hinten beugen konnte. Fleißig war er, das muß man ihm lassen, aber der Kaiser Franz Joseph war ja auch ein emsiger Aktenverwerter, nur ist ihm nie etwas eingefallen, außer ‚es war sehr schön, es hat mich sehr gefreut'." Unser Zeuge ist ins Reden gekommen. Und sein nicht sehr diplomatischer Bericht ist niederschmetternd: "Daß er sich die Äpfel hat schälen lassen, ist allerdings ein Gerücht. Aber passen würde es zu ihm. Er hat ein feudales Herz. Er ist ungemein großzügig mit den Ressourcen anderer. Es ist ihm ja auch nicht zu blöd, die Diplomatenpost zu bemühen, um sich amerikanisches Klopapier nach Wien schicken zu lassen. Lachen Sie nicht, das ist wahr. Die Familie Waldheim findet, daß das US-Produkt weicher ist als das hier erhältliche. Mag schon sein. Aber kann sich der Herr Waldheim sein Klopapier nicht auf dem normalen

Weg kommen lassen? Muß es der Diplomatenkurier sein?

Die kürzlichen Ereignisse haben bewiesen, daß Waldheim sich an manche Dinge in seiner Biographie nicht erinnern kann. Er ist eben ein vergeßlicher Mensch. Er hat zum Beispiel immer vergessen, die Geschenke, die ihm als Generalsekretär gemacht wurden, an die UN auszuhändigen, wie das so Usance ist. Sich die Dinger zu behalten, ist zwar nicht ungesetzlich, aber es gilt als unanständig. Dem Herrn Waldheim mangelt es leider völlig an Gefühl dafür, was man tun kann und was nicht. So hat er beispielsweise eine kostbare antike Uhr, ein Geschenk des mexikanischen Staatspräsidenten, in seinem Haus am Attersee aufstellen lassen. So weit, so schlecht. Aber er hat auch die Chuzpe gehabt, den Transport auf Kosten der UNO durchzuführen. Vielleicht ist es kleinlich, diese Dinge zu erwähnen, aber Sie machen sich keinen Begriff davon, wie sehr durch solche Unschicklichkeiten die Reputation der UNO in Mitleidenschaft gezogen wird.

Als Herr W. nach Teheran reiste, um als Vermittler in der Geiselaffäre aufzutreten, wurde er von Khomeini nicht empfangen. Der Grund hiefür war nicht nur ein rein politischer. Der Schah hatte Waldheim Juwelen geschenkt, die dieser natürlich behielt. Ein so strenger Herr wie Khomeini hat für derlei Gepflogenheiten überhaupt kein Verständnis. Also konnten sie zueinander nicht kommen. Müßig anzumerken, daß ein Mensch vom Typ des Herrn W. wiederum kein Verständnis für Revolutionen hat. Krawattenlose Massen verunsichern ihn, vor allem dann, wenn sie in Prunksälen gestürzter Herrscher herumlungern und sich einen feuchten Staub um das Protokoll scheren. Herr W. ist sehr protokollbewußt. Er hat es gern, wenn Teppiche ausgerollt, Salutschüsse abgefeuert und Orden verliehen werden. Er schätzt es auch, als Gastgeber aufzutreten und wird fast leidenschaftlich, wenn es um die Auswahl der passenden Weinsorten geht.

Politik interessiert ihn ja weniger. Er versteht auch nichts davon. In seiner Autobiographie gibt es einen Schlüsselsatz, wonach Herr W. zur Auffassung gelangt, daß das Schicksal der Welt weit mehr von Persönlichkeiten als von anderen Faktoren beeinflußt werde. Auf Grund dieser Überzeugung habe er gleich zu Beginn seiner Amtstätigkeit bei den Vereinten Nationen begonnen, so viele Staatsmänner der Welt wie möglich zu besuchen. Also wenn irgend etwas wahr ist, dann dies. Herr W. hat ungemein viele Besuche absolviert. Am liebsten in Afrika, weniger gern in Westeuropa, wo der UN-Generalsekretär wie ein x-beliebiger Außenminister empfangen wird. Aber in Afrika! Dort wird der kleinste UN-Beamte zum Großkönig. Herr W. kam immer aufrichtig bewegt von seinen Afrika-Tourneen zurück. Selbstverständlich wäre es ihm nie eingefallen, sich zu einem Dürreopfer in den

Staub zu setzen.[45] Das ist nicht sein Stil. Während seiner zehnjährigen Amtszeit bei der UNO hat er es ja auch nie der Mühe wert gefunden, sich in die unteren Geschoße des UN-Gebäudes zu begeben, wo die kleinen Angestellten vor sich hin werken. Dafür hat er einen der sechs Aufzüge für seinen Alleingebrauch reservieren lassen, wodurch es während gewisser Tageszeiten zu enormen Menschenstaus in der Lobby kam. Das ist nicht weltbewegend, da muß ich Ihnen recht geben. Aber im Detail, wissen Sie, spiegelt sich das Ganze. Es macht nichts, daß der Herr W. ein fader Mensch ist. Es tut auch nichts zur Sache, daß er wohl kaum je ein Buch gelesen hat und von Kultur soviel versteht wie mein Dackel. Auch daß seine Tochter Lieselotte eine meteorenhafte Karriere in der UNO machte, ist an und für sich nichts Verwerfliches. Aber daß jeder, der der Dame ins Gehege kam, vom Herrn Papa flugs abserviert wurde, ist schon etwas merkwürdig. Etliche der fähigsten UN-Beamten haben feststellen müssen, daß es ungesund ist, den Waldheims zu widersprechen. Der Familiensinn ist eben hoch entwickelt. Das hängt wohl mit den christlichen Grundwerten zusammen. Frau Lieselotte ist jetzt Protokollchefin der UNO in Genf. Recht passend für eine Waldheim. Das Repräsentierenwollen scheint erblich zu sein. Herr W. hat repräsentiert, regiert hat er nie. Er war der teuerste Briefträger aller Zeiten. Immer unterwegs. Immer bei den Großen dieser Welt. Beeindruckt haben ihn allerdings nur die Großen der Großen, wie man in seiner Autobiographie nachlesen kann. Syriens Staatschef Assad zum Beispiel, ‚der durch seine körperliche Größe und durch seine scharf geschnittenen Gesichtszüge auffällt'; Ägyptens früherer Außenminister El Zayyat, ‚groß von kräftiger Statur'; auch Sekou Touré in Guinea, ‚ein großer, gutaussehender, ja imposanter Mann', oder Saddam Hussein, ‚der sehr große, wie ein Schwergewichtsboxer wirkende Präsident'. Wer seinen Kopf weit unter dem Waldheims trägt, tut sich da schon schwerer. König Hussein von Jordanien etwa. Plattes Zeug, sagen Sie? Gewiß. Aber das sind eben die Dinge, die den Herrn W. bewegen. Als er noch Österreichs Außenminister war, wollte er allen Ernstes durchsetzen, daß nur großgewachsene Personen in den diplomatischen Dienst eintreten dürfen. Doch, doch, das ist wahr. Kleine Stöpsel findet er unelegant. Zuwenig herrenmäßig. Im Tausendjährigen Reich hatte man ja auch ein Faible für große, schlanke Figuren. Aber gut, an solche Dinge wollen wir hier nicht rühren.

Ein Kollege von mir hat den Herrn W. einmal als ‚Mann ohne Eigenschaften' bezeichnet, als farb- und emotionslose Figur eben. Dem kann ich nicht beipflichten. Herr W. kann sich sehr wohl begeistern. Für sich selbst nämlich. Ich habe in meinem ganzen Leben noch keinen Menschen getroffen, der so egozentrisch ist wie Herr W. Waldheim zog als Generalsekretär der UNO in eine dreistöckige Villa am Sutton Place. Ich brauche wohl nicht zu erwähnen, daß das die feinste Adresse in Manhattan ist. Kurz und gut, die von Arthur A. Houghton Jr., Präsident der Steuben Glass Comp., der UNO geschenkte Villa wurde auf Kosten der Vereinten Nationen eingerichtet. Frau Sissy W. bestand auf Louis XV. Sofas, Augarten Porzellan und englischen Stichen. Das Metropolitan Museum of Art wurde eingeladen, den Waldheims ein paar Corots und Gainsboroughs in die gute Stube zu hängen. Sie meinen, daß ein bißchen Prunkentfaltung für eine Generalsekretär-Residenz schon einzusehen ist? Da muß ich Ihnen doch entgegenhalten, daß die Amtsvorgänger Waldheims einen weitaus bescheideneren Lebensstil an den Tag legten. Dag Hammarskjöld war mit einem kleinen Appartement zufrieden, und U Tant logierte in Riverdale, einer gar nicht exklusiven Wohngegend. Es wäre auch keinem dieser Herren eingefallen, Haushaltsposten, wie Bettwäsche, Handtücher und Waschpulver, der UNO in Rechnung zu stellen. Das glauben Sie nicht? Dem Budgetdirektor der Vereinten Nationen steigt heute noch die Schamröte ins Gesicht, wenn er an die Kleinkrämergeschäfte des Herrn W. erinnert wird. (...)

Gut, um seine Finanzen braucht man sich aber wirklich keine Sorgen zu machen, auch wenn Herr W. einer österreichischen Tageszeitung gegenüber erklärt hat, daß er als Generalsekretär der UNO keine Ersparnisse zurücklegen konnte. Es läßt sich aber beim besten Willen nicht austüfteln, wofür Herr W. eigentlich je Geld ausgegeben hat. In New York kann sich kein Kellner an ein Waldheimsches Trinkgeld erinnern. Das Haus am Attersee hat sicher auch kein großes Loch in die Barschaft des Herrn W. gerissen. Er mußte für einen Quadratmeter Grund - am Seeufer wohlgemerkt - nur 100 Schilling bezahlen. Normalsterbliche müssen das Zigfache blechen. Jetzt bezieht er von der UNO eine Jahrespension von 83.000 Dollar, steuerfrei natürlich, seine Außenministerpension dazugerechnet, läppert sich das ganz schön."[46]

Andere Zeiten, andere Sitten: Die UNO wurde gegründet, um "die zukünftigen Generationen vor dem Krieg zu bewahren." Dann wurde aus ihr das Trittbett für eine persönliche Ambition.

V

Gerüchte und Zufälle

Ein blutroter Strahl breitet sich auf
dem Boden aus, ein bißchen Licht
sickert unter der Tür hindurch.
Jetzt wird sie geöffnet...

Sacher-Masoch

Welche Rolle spielt der Zufall in der Geschichte? Die Maturanten, die diese Frage in ihrem Philosophie-Aufsatz zu beantworten haben, sind künftig nicht mehr nur auf die Nase der Kleopatra und den Apfel des Isaak Newton angewiesen, um ihre Behauptungen zu belegen. Es war wohl unausbleiblich, daß der Zufall eines Tages den Mann einholte, der sich zeit seines Lebens bemüht hatte, dessen Wirken auszuschalten. Als er gerade dabei war, die letzte Stufe einer geduldig aufgebauten und scheinbar gegen alle Fährnisse gefeiten Karriere zu erklimmen, kam es zum "Vorfall".

Wer hätte im September 1985, als Waldheim offiziell seine Kandidatur für das höchste Amt in seinem Land bekanntgab, gedacht, daß sich um diese Kandidatur in Österreich die hitzigsten Auseinandersetzungen seit dem Krieg entwickeln würden? In den Augen der Österreicher und der ausländischen Öffentlichkeit schien diese Kandidatur die natürlichste Sache der Welt zu sein. Sie entsprach dem Wiedererstarken der konservativen Opposition, welcher der Machtverschleiß der seit 15 Jahren regierenden Sozialisten zugute kam. Obgleich Kurt Waldheim formell nicht Mitglied der Volkspartei war, bot er sich ganz selbstverständlich als Kandidat an, war er doch seit seiner Amtszeit als UNO-Generalsekretär der international bekannteste Österreicher nach Bundeskanzler Bruno Kreisky. Dieser weigerte sich, aus dem Ruhestand in die aktive Politik zurückzukehren, um das Präsidentenamt für die SPÖ, die es seit 1945 innehatte, zu "retten". "Ich will dem Land die Kosten für ein Staatsbegräbnis ersparen", rechtfertigte er seine Weigerung.

Mit dem ehemaligen Gesundheitsminister, Dr. Kurt Steyrer, als Gegenkandidat zu Waldheim konnten sich die Sozialisten keine allzu großen Hoffnungen machen. Er ist zwar sympathisch, sehr herzlich und kontaktfreudig im kleinen Kreis, aber ein sehr schwacher Redner, und er hat keine rechte Ausstrahlung. Vor allem aber hatte er aufgrund seines wiederholten Umschwenkens in der brenzligen Frage des von den Grünen bekämpften Kraftwerks Hainburg an Glaubwürdigkeit eingebüßt...

Da verbreitete sich in Wien plötzlich das Gerücht, Waldheims Vergangenheit sei nicht so einwandfrei, wie es die vom Bundespressedienst großzügig verteilten biographischen Abrisse glauben ließen. Vom Café Landtmann über Oswald & Kalb bis zum Hawelka, den traditionellen Treffpunkten der Politiker und Journalisten, wurde, anfänglich nur hinter vorgehaltener Hand, dann immer offener vom "Fall Waldheim" gesprochen.

Der Schatten des Generals Löhr

Am Anfang zirkulierten Gerüchte über Recherchen eines gewissen Georg Tidl, eines Historikers, freien Mitarbeiters des ORF und Mitglieds der SPÖ. Er interessierte sich für die Geschichte des 1947 von den Jugoslawen zum Tode verurteilten und hingerichteten Generals Alexander Löhr. Dieser General begann seine Aufmerksamkeit zu erregen, als dessen Tochter (die wiederholt erklärt hatte, ihr Vater sei ein unschuldiges Opfer des Krieges gewesen) an seinem Wiener Wohnhaus eine Gedenktafel anbringen lassen wollte. Die hierfür vorgesehene feierliche Enthüllung sollte sogar vom Verteidigungsminister Friedhelm Frischenschlager selber vorgenommen werden, dem nämlichen, der im Jahr zuvor den aus der italienischen Gefangenschaft zurückkehrenden Kriegsverbrecher Walter Reder mit Handschlag begrüßt hatte. Die Empörung, die angesichts dieses Plans in linken Kreisen und intellektuellen Zirkeln entstand, veranlaßte Georg Tidl, die Archive des Balkankriegs genauer zu untersuchen.

Bei der Durchsicht der Akten und noch ohne in einer bestimmten Richtung zu suchen, stieß Tidl in der Dienstaufteilung des Generalstabs der von General Löhr befehligten Heeresgruppe E auf den Leutnant Kurt Waldheim. Das war im Frühjahr 1985, als Kurt Waldheim noch nicht der offizielle Kandidat der ÖVP für die Präsidentschaftswahlen war, sein Name jedoch in den politischen Kreisen immer nachdrücklicher genannt wurde.

Georg Tidl setzte daraufhin den Generalsekretär der Volkspartei, Michael Graff, von seiner Entdeckung in Kenntnis, dieser aber weigerte sich, dem Historiker Glauben zu schenken. Die auflagenstarken

Zeitungen kümmerten sich natürlich nicht um diese Gerüchte, da sie rund um die Uhr mit den nicht enden wollenden Skandalen beschäftigt waren, die den Ruf Österreichs im Ausland ernsthaft anzukratzen begannen. Ganz Österreich sprach damals vom Skandal des mit Frostschutzmitteln "behandelten" Weins oder von der "Affäre Proksch". Udo Proksch, der Besitzer des Demel, Wiens berühmtester Konditorei, wurde eines großangelegten Versicherungsbetruges verdächtigt, in den auch Regierungsmitglieder verwickelt sein sollten.

Die SPÖ nahm anfänglich die Beschuldigungen gegen den früheren UNO-Generalsekretär nur am Rande zur Kenntnis. Dieser hatte übrigens, bevor er seine Kandidatur als Vertreter der Volkspartei bekanntgab, mit der SPÖ Kontakt aufgenommen, um sich als gemeinsamer Kandidat der Großparteien anzubieten, bereits im Hinblick auf eine "Große Koalition" zwischen SPÖ und ÖVP, die dann einige Monate nach seiner Wahl, im Anschluß an die Nationalratswahlen vom 23. November 1986 tatsächlich gebildet wurde. Hin- und hergerissen zwischen dem geistigen Erbe Bruno Kreiskys, die Zusammenarbeit mit der Volkspartei entschieden abzulehnen, und jenen Technokraten, die wie der künftige Kanzler Franz Vranitzky in der Koalition mit den Konservativen die einzige Chance für die SPÖ sahen, an der Macht zu bleiben, entschied die Partei zugunsten der letzteren. Die SPÖ fand sich daher anfänglich damit ab, einen Pro-forma-Wahlkampf um den Präsidentensessel zu führen, mit dem Ziel, nicht allzu geschwächt in die als bedeutender angesehenen Nationalratswahlen zu ziehen.

Je mehr sich jedoch die Gerüchte über Waldheims Vergangenheit ausbreiteten, umso größer wurde in bestimmten Kreisen der Partei die Versuchung, diese neue, ganz unvermutet aufgetauchte Waffe gegen Waldheim zu benutzen. In der Umgebung des Kanzlers Fred Sinowatz wurden Überlegungen darüber angestellt, wie die Beschuldigungen gegen Waldheim am besten ausgenützt werden könnten. Die Versuchung war groß, den ausschließlichen Wahlkampfslogan Waldheims "Ein Österreicher, dem die Welt vertraut" ins Gegenteil zu verkehren. Von der ungarischen Grenze bis zum Bodensee stand dieser Spruch quer über den Plakaten, die einen lächelnden Waldheim mit Frau Elisabeth im Dirndl vor einer österreichischen Gebirgslandschaft zeigten.

Doch war die Sache nicht so einfach: Ein Frontalangriff gegen die Persönlichkeit des Gegenkandidaten kam für die Sozialistische Partei nicht in Frage. Dazu wäre zum einen eine Art Kulturrevolution in den eigenen Reihen nötig gewesen, zum anderen hätte dies das Ende des Einverständnisses bedeutet, das die SPÖ seit der Nachkriegszeit bezüglich des Widerstands gegen die von den Alliierten auferlegte Entnazifizierungspolitik mit der ÖVP verband. Als vorzügliche Kenner der Stimmung im Lande waren sich die SP-Strategen im klaren darüber, daß es für die SPÖ selbstmörderisch wäre, die Verantwortung für eine "Schlammschlacht" auf sich zu nehmen, die von der Mehrheit der Österreicher strikt abgelehnt wird. "Wehe dem, der den Schlamm, in dem die dunkle Nazivergangenheit Österreichs versickert ist, aufwühlt!" - so scheint das ungeschriebene Gesetz zu lauten, das der Politik der Zweiten Republik zugrundeliegt.

Zwei Faktoren zwangen schließlich die Sozialistische Partei, ihre Zurückhaltung in Sachen Kurt Waldheim aufzugeben: einerseits die Recherchen von Hubertus Czernin, einem Journalisten der Wochenzeitschrift *Profil*, andererseits die Intervention des Jüdischen Weltkongresses.

Journalistische Recherchen und öffentliche Kampagne

Ein Team junger Rechercheure bildet die Redaktion des *Profil*, eines Nachrichtenmagazins, das seine Verkaufszahl von beinahe 90 000 Exemplaren seinem offenen und ungezwungenen Ton und seiner unabhängigen Linie verdankt. Weniger versnobt als die aufwendig gemachte und unterschwellig aggressive Zeitschrift *Wiener* unterscheidet sich dieses Magazin sehr vom Großteil der österreichischen Presse, deren Konformismus genauso schwer verträglich ist wie eine schlechte Sacher-Torte, diese schwere Schokoladentorte, die in Wiener Konditoreien angeboten wird. Die Gerüchte um Waldheim kamen auch Hubertus Czernin, einem dreißigjährigen Journalisten mit runder Brille und ironischem Lächeln, zu Ohren. Am 21. Februar 1986, um 11 Uhr früh, erhielt er von Kurt Waldheim die Einwilligung, seine im Staatsarchiv aufbewahrte persönliche Akte einzusehen. Völlig benommen von dem, was er dort entdeckt hatte, bat er den Kandidaten am selben Abend um eine Unterredung, bei der dieser abstritt, während seiner Jugend in Wien je zu einer NS-Organisation gehört zu haben.

Bei einem zweiten Treffen am Morgen des 24. Februar gab Waldheim zu, auf dem Balkan gedient zu haben. "Es war unmöglich, von ihm klare und eindeutige Antworten zu erhalten", erinnert sich Czernin. "Durch sein hartnäckiges Leugnen hat er den Eifer der Rechercheure erst richtig angestachelt."

Am 3. März enthüllte *Profil* in einem ersten Artikel Teile der Vergangenheit des konservativen Kandidaten. Am 4. März erschien auch ein erster Artikel in der *New York Times*. Kurz danach schaltete sich die jugoslawische Presse ein. Österreichische und jugoslawische

Journalisten reisten zwischen Wien und Belgrad hin und her, während das New Yorker Blatt über Entdeckungen in den Archiven von Washington berichtete und europäische Zeitungen ihre eigenen Nachforschungen anstellten. Einen Monat später, am 3. April, kündigte Kurt Waldheim an, er werde gegen mehrere Zeitungen wegen Verleumdung Klage erheben. Er hat es bis heute nicht getan.

Die Beweggründe des Jüdischen Weltkongresses

Die Intervention des Jüdischen Weltkongresses in den österreichischen Wahlkampf kam alles andere als zufällig. Über zwei verschiedene Kanäle, die "New York Times" (die von Georg Tidl informiert worden war) und Leon Zelman, ihren Vertreter in Wien, erfuhren die Verantwortlichen der 1936 von Nahum Goldmann gegründeten Organisation von den Gerüchten, die in Wien über Waldheim kursierten. Leon Zelman, der am Widerstandskampf des Lodzer Ghettos teilgenommen hatte, verbrachte dreieinhalb Jahre seines Lebens in den KZs Auschwitz und Mauthausen. Wie durch ein Wunder den Todeslagern entkommen, beschloß er trotz des Fluches, der für alle Juden, die die finsteren Tage des März 1938 erlebt hatten, auf Wien lastet, sich in dieser Stadt niederzulassen. Obwohl diese Entscheidung, vor allem in Israel, sehr kritisiert wurde, machte er es sich zur Aufgabe, die österreichische Hauptstadt in den Augen der Welt und besonders der Juden zu rehabilitieren.

Unterstützt von der Gemeinde Wien und Bürgermeister Helmut Zilk übernahm er die Leitung des "Jewish Welcome Service", einer von der Stadt subventionierten Institution, deren Sitz sich auf dem Stephansplatz, mitten im historischen Kern der Stadt befindet. Sein Ziel war es, das jüdische Erbe Wiens bekannt zu machen, einer Stadt, in der mehr jüdische Wissenschaftler und Künstler geboren wurden als in jeder anderen europäischen Stadt. Es genügt, die Namen Stefan Zweig, Arthur Schnitzler, Sigmund Freud oder Gustav Mahler zu nennen, um in Erinnerung zu rufen, daß das Wien der Jahrhundertwende einen großen Teil seiner geistigen und künstlerischen Ausstrahlung seinen jüdischen Bürgern verdankt. Mit viel Geduld und Ausdauer gelang es Leon Zelman nach und nach, die anhaltenden Vorbehalte gegen diese Stadt in Israel und in der Diaspora auszuräumen.

Er hatte bei diesem Vorhaben einen Verbündeten in Israel Singer gefunden, dem jungen Generalsekretär des Jüdischen Weltkongresses, einem New Yorker Juristen, dessen Vater, ein gebürtiger Wiener, zu den Juden gehörte, die von den Nazis gezwungen worden waren, die Straßenpflaster Wiens mit der Zahnbürste zu putzen. Gemeinsam mit Leon Zelman hatte Israel Singer, trotz der innerhalb der jüdischen Gemeinden laut gewordenen Vorbehalte, den WJC-Kongreß nach Wien einberufen.

Während der Jüdische Weltkongreß seine Hauptversammlung in Wien abhielt, kam es zu einem Vorfall, der diese Versöhnungsstrategie beinahe scheitern ließ, nämlich zum herzlichen Empfang des Kriegsverbrechers Walter Reder durch den österreichischen Verteidigungsminister. Israel Singer verhinderte damals, daß die Tagung abgebrochen wurde. Die Mehrzahl der Delegierten wollte aus Protest sofort aus der österreichischen Hauptstadt abreisen. Israel Singer hatte also in der Folge gute Gründe, sich für alles, was in Österreich passierte, zu interessieren, zumal eines der Hauptanliegen des Jüdischen Weltkongresses die Verteidigung des Rechts der sowjetischen Juden auf Auswanderung ist, für die Wien die traditionelle Durchreisestation ist.

Israel Singer, ein impulsiver, unbestechlicher Mensch, New Yorker durch und durch, packte die Affäre Waldheim energisch an, ja er verbiß sich beinahe in einen Zweikampf mit Kurt Waldheim. Er wählte eine Taktik, die sich bei der Demontage eines Großen dieser Welt - Richard Nixon - durch zwei Journalisten der *Washington Post* im Watergate-Skandal als erfolgreich erwiesen hatte. Die Methode besteht darin, sich auf die internationalen Medien zu stützen, um das Interesse der Öffentlichkeit wach zu halten, und jeden Tag eine neue Information zu bringen. Es blieb ihm auch keine andere Möglichkeit, denn die Akte Waldheim war völliges Neuland, dessen Erforschung Recherchen in aller Herren Länder voraussetzte, in den Archiven in Washington, in den Archiven der Wehrmacht in Freiburg im Breisgau und in jenen des Außen- und des Innenministeriums in Wien.

Der Jüdische Weltkongreß beauftragte Richard Herzstein, Professor an der Universität von South Carolina, damit, die Archive in Washington nach Waldheim betreffende Fakten zu durchforsten. Was er herausfand, wurde dann nach und nach an die Öffentlichkeit gebracht. Gleichzeitig stellten Journalisten des *Spiegel* sowie diverser jugoslawischer und griechischer Zeitungen Recherchen an. In Wien selbst bemühten sich die Journalisten des *Profil* und des SPÖ-Organs *Arbeiterzeitung*, vor allem einen dunklen Punkt von Waldheims Vergangenheit aufzuklären, nämlich seine Verbindungen zu NS-Organisationen während seines Studiums.

Diese Vorgangsweise hatte aber neben ihren Vorteilen auch Nachteile. Zwar blieb der "Fall Waldheim" beständig im Vordergrund, andererseits jedoch unterlag er aus eben diesem Grund den Gesetzen der dramatischen Zuspitzung, das heißt, die Öffentlichkeit erwartete über kurz oder lang jenes Dokument, das auf unzweifelhafte Weise und endgültig den Beweis für Waldheims Verwicklung in Kriegsverbrechen erbringen sollte. Die Affäre war aber in Wirklichkeit viel komplexer, und die Analysen und Überlegungen, die notwendig gewesen wären, wurden durch die Nähe der Wahlen stark beeinträchtigt. Man stelle sich vor, daß die ersten Enthüllungen über die Nazi-Vergangenheit von Kurt Waldheim am 3. März 1986 vom *Profil* veröffentlicht und am 4. März vom Jüdischen Weltkongreß übernommen wurden, also weniger als zwei Monate vor dem ersten Wahlgang, und daß die Öffentlichkeit erst am 22. März von der Waldheim-Akte aus den Archiven der Kriegsverbrechens-Kommission der Vereinten Nationen erfuhr.

Die vom Generalsekretär der Volkspartei Michael Graff orchestrierte Gegenoffensive der Anhänger Waldheims nützte die Schwächen, die die Taktik des WJC und seiner österreichischen Freunde implizierte, bis zum letzten aus. Mit der Unterstützung fast aller österreichischer Zeitungen, im besonderen der auflagenstarken *Kronenzeitung* und des Blattes der Wirtschaftskreise *Die Presse*, spielten Waldheims Wahlkampfstrategen das Thema der internationalen Verschwörung voll aus, damit sich die Bevölkerung, die nur zu gerne daran glauben wollte, hinter Waldheim stellte.

Diese Gegenoffensive hatte durchaus auch antisemitische Züge. In seinen Wahlreden betonte der Kandidat Kurt Waldheim mit besonderem Nachdruck die Namen seiner Hauptankläger: "Es sind nicht diese Herren aus New York, Singer, Steinberg, Rosenbaum, die dem österreichischen Volk sagen werden, wie es zu wählen hat", wiederholte er unter dem frenetischen Beifall seiner Zuhörer auf den Wahlkundgebungen immer wieder.

Als der Jüdische Weltkongreß spürte, daß seine Intervention im österreichischen Wahlkampf statt der erwarteten genau die gegenteilige Wirkung zeitigte, änderte er seine Taktik. Die Ergebnisse seiner Recherchen sollten nicht mehr veröffentlicht, sondern dem Bundespräsidenten Kirchschläger, der sehr hohes Ansehen genießt, übergeben werden. Gleichzeitig beauftragte Kurt Waldheim seinen Sohn Gerhard damit, eine Verteidigungsschrift zu verfassen. Diese Schrift wurde am 12. April dem Bundespräsidenten übergeben. Am 22. April teilte Rudolf Kirchschläger in einer Fernsehansprache dem Lande seine Schlußfolgerungen mit. In eintönigem und salbungsvollem Ton bemühte er sich zuerst, vor den Fernsehzuschauern sein Verdienst herauszustellen, "etwas Beruhigung in eine sehr heftige (aus Anlaß der Affäre Waldheim gegen Österreich gerichtete) internationale Berichterstattung der

Massenmedien" gebracht zu haben. Was den Kern der Affäre betrifft, enthielt er sich jedes Urteils, ja unter Berufung auf seine frühere Berufserfahrung als Richter behauptete er sogar, er würde es nicht wagen, "aufgrund dieser mir vorgelegten Beweise eine Anklage vor einem ordentlichen Gericht zu erheben." Er schloß seine Darbietung mit der Aufforderung an die Wähler, selber ihre Schlüsse zu ziehen.

Von da an war die Sache gelaufen. Im ersten Wahlgang am 4. Mai verfehlte Waldheim mit 49,36 % der Stimmen die absolute Mehrheit nur um ein Haar. Einen Monat später, am 8. Juni 1986 gewann er die Wahlen überlegen gegen Kurt Steyrer und wurde der neunte österreichische Bundespräsident seit 1918.

Über den Jüdischen Weltkongreß sind auch die Juden unterschiedlicher Meinung

Während seiner ganzen Auseinandersetzung mit Waldheim war Israel Singer den Angriffen der Anhänger des ehemaligen UNO-Generalsekretärs ausgesetzt, was im Grunde genommen normal ist, aber auch die Haltung eines Teils der jüdischen Gemeinschaft war ihm gegenüber skeptisch, ja feindlich.

Die Gründe für diese Haltung gewisser führender jüdischer Persönlichkeiten aus aller Welt und gewisser Intellektueller, die den jüdischen Kreisen nahestehen, liegen zum Teil im Charakter des Jüdischen Weltkongresses selbst. Als zentrale Organisation der Juden der Diaspora, die maßgebliche Vertreter der jüdischen Gemeinden des Westens wie des Ostens umfaßt, ist der Jüdische Weltkongreß dem Geist, in dem ihn der amerikanische Rabbiner Stephen Wise und Nahum Goldmann gegründet hatten, treu geblieben. Gegenüber dem Staat Israel bewahrt der Jüdische Weltkongreß Unabhängigkeit im Denken und im Handeln, was den leitenden Politikern des jüdischen Staates, unabhängig von ihrer politischen Meinung, häufig mißfällt.

Der fortgesetzte Wille des WJC, die Verbindung zur Sowjetunion und zu den Ostblock-Ländern nicht abreißen zu lassen, um mit den jüdischen Gemeinden, die oft große Schwierigkeiten haben, Kontakt halten zu können, steht im Gegensatz zur Position vieler israelischer Politiker, die mit Moskau einzig und allein über die Ausreise der sowjetischen Juden nach Israel verhandeln wollen. Die mehr als zögernde Haltung der führenden israelischen Politiker während der ganzen Affäre hat gewisse Gemeindeverantwortliche, die direkt von Waldheims Vergangenheit betroffen sind, unter anderen Joseph Lowinger, den Vorsitzenden des Jüdischen Zentralrats in Griechenland, veranlaßt, sich äußerst zurückhaltend zu zeigen:

"Ich will nicht den Verteidiger von Herrn Waldheim spielen, aber ich stelle mir Fragen." Die jüdische Gemeinde Griechenlands hatte es nicht sehr eilig, Nachforschungen über die Rolle von Kurt Waldheim bei den Judendeportationen von Saloniki anzustellen. Für Beobachter des politischen Lebens in Griechenland hängt die Zurückhaltung Joseph Lowingers mit dem "Normalisierungsprozeß" in den Beziehungen zwischen der regierenden sozialistischen PASOK-Partei und der jüdischen Gemeinde zusammen, die die eher palästinenserfreundliche Position des Ministerpräsidenten Andreas Papandreou im israelisch-arabischen Konflikt mißbilligte.

Am traumatischsten aber wurde der durch den Skandal ausgelöste Schock innerhalb der jüdischen Gemeinde Österreichs empfunden. Diese umfaßt etwa 8 000 Mitglieder und wird von einem Komitee geleitet, in dem alle politischen Strömungen vertreten sind. Die Mehrheit gilt als ÖVP-nahe. Einige der bekanntesten Vertreter des Komitees, und in erster Linie Simon Wiesenthal, machen keinen Hehl aus ihrer SPÖ-feindlichen Haltung, die von den Meinungsverschiedenheiten mit Kanzler Bruno Kreisky herrührt. Wiesenthal und Kreisky standen sich mehrmals vor Gericht gegenüber, um Genugtuung für Beleidigungen einzuklagen, die sie sich gegenseitig an den Kopf geworfen hatten, wobei die schlimmste vielleicht die Behauptung Kreiskys war, Wiesenthal habe mit den Nazis kollaboriert.

Als der Jüdische Weltkongreß Anfang März die ersten Anschuldigungen gegen Waldheim veröffentlichte, war die erste Reaktion Simon Wiesenthals, auf den sich selbstverständlich alle Blicke richteten, die Sache zu bagatellisieren. Er verkündete laut und deutlich, daß sich keine den ehemaligen UNO-Generalsekretär betreffende Akte in seinem Besitz befände. Für den Präsidentschaftskandidaten war diese Unterstützung sehr wichtig, und er verabsäumte es nicht, sich immer wieder auf diese Erklärung Simon Wiesenthals zu berufen.

Angesichts der Verteidigungstaktik Waldheims änderte jedoch Wiesenthal seine Haltung, und er distanzierte sich endgültig von ihm, als dieser behauptete, nichts von den Judendeportationen aus Saloniki gewußt zu haben. "Aber im Offizierskasino war doch von nichts anderem die Rede!" rief Wiesenthal aus, bevor er sich in Schweigen hüllte. Die anderen leitenden Mitglieder der jüdischen Gemeinde Wiens vermochten mehr schlecht als recht nach außen hin den Schein einer gemeinsamen Position zu wahren. Die Lage war kritisch, und die Wiener Juden bemühten sich, ihre Meinungsverschiedenheiten zu überwinden, um dem sich ausbreitenden Antisemitismus entgegenzuwirken.

Auch andere Persönlichkeiten, die sich durch das Aufspüren alter Nazis einen Namen gemacht hatten, verhielten sich am Anfang der Kampagne des Jüdischen Weltkongresses sehr zurückhaltend. Sollte man Waldheim, der kein prominenter Nazi, sondern nur ein Rädchen in der NS-Maschinerie gewesen war, vierzig Jahre später noch verfolgen? "Ich habe immer sehr klar zwischen einem aktiven und einem passiven Nazi unterschieden", sagte uns etwa Serge Klarsfeld zu Beginn der Affäre. Als immer mehr Beweise auftauchten, gab er jedoch seine Zurückhaltung auf, und seine Gattin Beate fuhr mehrere Male nach Wien, um an Anti-Waldheim-Kundgebungen teilzunehmen. Schließlich störte die offen medienbezogene Strategie des Jüdischen Weltkongresses gewisse jüdische Persönlichkeiten. Aber waren solche Methoden nicht unvermeidlich, da die Suche nach der Wahrheit in den betroffenen Staaten auf eine Mauer des Schweigens stieß?

Wäre nicht schon lange bewiesen, daß das Erinnern an die Nazi-Verbrechen seit geraumer Zeit eher von politischen Absichten und nicht von der leidenschaftlichen Suche nach Wahrheit bestimmt ist, so genügten die internationalen Reaktionen auf den Waldheim-Skandal, um dies zu zeigen.

Seit der Schließung der UNO-Kriegsverbrechensarchive im Jahre 1949 war die Masse der dort gespeicherten kompromittierenden Informationen allein den Geheimdiensten zur Auswertung reserviert. Einem Forscher der New Yorker Universität, Michael Palumbo, wurde z.B. 1980 auf gemeinsame Intervention der amerikanischen und israelischen UNO-Beamten hin der Zutritt zu diesen Archiven untersagt. Kurt Waldheim selbst, der während seiner Amtszeit als Generalsekretär freien Zugang zu diesem streng gehüteten Sanktuarium hatte, hat zumindest zwei in aller Form vorgebrachte Ansuchen abschlägig beschieden.

Je mehr die Recherchen der Journalisten und Historiker im Fall Waldheim voranschritten, umso eifersüchtiger hüteten die Regierungsarchivare ihre Schätze. So wurden die Belgrader Archive ab Anfang April auf direkte Intervention der jugoslawischen Regierung hin unter Verschluß gehalten. Wovor nur hatten die Regierungen Angst?

Die Schuld der westlichen Länder

In den Hauptstädten aller großen Länder wurden offizielle Untersuchungen über das Schweigen versprochen, das während der ganzen Karriere Waldheims angedauert hatte und einem Einverständnis gleichkam. Mehrere Monate später zeitigte keine dieser Untersuchungen nur das geringste Ergebnis. Auf eine Anfrage bezüglich der Behandlung englischer und amerikanischer Kriegsgefangener durch Waldheim, begnügte sich der britische Verteidigungsminister damit, Nachforschungen in Aussicht zu stellen. Ab Mai 1986 verlangten der US-Senat und das Repräsentantenhaus in einem Dringlichkeitsverfahren, daß eine offizielle Ermittlung eingeleitet werden solle, deren Ergebnis das US-Justizministerium veranlassen könnte, Waldheim die Einreise in die Vereinigten Staaten zu verwehren.

Der Fall Frankreichs wirft noch mehr Fragen auf. 1979 hatte "jemand" den französischen Militärgouverneur in Westberlin gebeten, die Akte des österreichischen Diplomaten in den Archiven der Alliierten in dieser Stadt einzusehen. Das geschah, aber es gibt keinen Hinweis darauf, wer um diese Information angesucht hatte. Sieben Jahre später wurde das Kabinett des Premierministers Jacques Chirac von einer wahren Panik erfaßt, als auf eine Anfrage des Simon-Wiesenthal-Zentrums in Los Angeles hin die Angelegenheit erneut zur Sprache kam. Das Amt des Premierministers und das Außenministerium schoben sich gegenseitig die Verantwortung zu, während das Verteidigungsministerium jede Stellungnahme verweigerte.

Offiziös wurde ein verschämter Erklärungsversuch angeboten. Die Anfrage in Berlin sei gestellt worden, als dem österreichischen Staatsmann die Legion d'honneur verliehen werden sollte. Die Erklärung scheint etwas windig, denn diese Auszeichnung war Waldheim bereits 1961 verliehen worden, als er bevollmächtigter Minister und Abteilungsleiter der Abteilung Westen im österreichischen Außenministerium war. Außerdem wird, wie uns das Amt des Ordenskanzlers der Legion d'honneur bestätigte, bei einer ausländischen Persönlichkeit keine ausführliche Biographie verlangt. Trotz der Versprechungen des Sprechers von Jacques Chirac wurde keine Erklärung veröffentlicht, warum französische Stellen 1979 in Berlin die Akte Waldheim ausgraben ließen. Auf alle Fälle hatten sie dabei in Erfahrung gebracht, daß Kurt Waldheim seit geraumer Zeit log.

Auch in zwei Ländern, die ganz direkt durch Waldheims Vergangenheit betroffen waren, wurde offiziell geschwiegen. Die jugoslawischen Politiker enthielten sich jeder Stellungnahme und erklärten einfach, "daß nichts getan würde, um die gutnachbarlichen Beziehungen zu Österreich zu belasten."

Der griechische Justizminister Apostolos Kaklamanis erklärte seinerseits am 4. Juni 1986, er habe in seinen Archiven Nachforschungen anstellen lassen, daß aber "die Namen Baldheim oder Waldheim nicht in unseren Verzeichnissen aufscheinen." Der Minister hielt es nämlich für passend, über einen Tippfehler auf dem Fernschreiben der jüdischen Organisationen, die eine Untersuchung forderten, zu scherzen. Es ist allerdings kaum eine Überraschung zu nennen, daß diese Nachforschungen nichts gebracht haben. Von 1235 zwischen 1945 und 1953 in Griechenland angestrengten Gerichtsverfahren gegen 5050 Personen, die im Verdacht standen, Kriegsverbrechen begangen zu haben, führten nur 51 zu einem Prozeß, wobei 31 Verurteilungen ausgesprochen wurden. Alle Akten, die nicht gerichtlich behandelt worden waren, wurden 1951 eingestampft!

Dazu muß man wissen, daß der griechische Geheimdienst nach der Befreiung viele ehemalige Nazi-Kollaborateure rekrutierte, und zwar mit dem Einverständnis der Engländer, die vor allem die "kommunistische Subversion" fürchteten. Man kann sich darauf verlassen, daß jene alle kompromittierenden Dokumente aus den Archiven verschwinden ließen, wenn sie schon nicht den Staatsapparat völlig säubern konnten. Es sei noch hinzugefügt, daß der österreichische Innenminister Karl Blecha im März 1986 nach Athen reiste und seinen griechischen Kollegen Menios Koutsogorgas bat, im Fall Waldheim "eine gemäßigte Haltung" einzunehmen.

Zum allgemeinen Widerwillen, sich erneut mit dieser zumindest unruhigen Zeit auseinanderzusetzen, kam noch der Einfluß der persönlichen Beziehungen, die Kurt Waldheim mit mehreren, besonders konservativen Staatschefs geknüpft hatte, hinzu. In den Vereinigten Staaten, wo die Kampagne des Jüdischen Weltkongresses viel Staub aufgewirbelt hatte, wartete man gespannt auf die Reaktion von Präsident Ronald Reagan. Dieser brach sein langes Schweigen nach der Stichwahl in Österreich, indem er einem Waldheim, "der nur seine Pflicht getan hatte", die öffentliche Absolution erteilte.

Die Hintergründe dieser Erklärung, die Reagan am 2. Juli der Tageszeitung "USA Today" gab, sind aufschlußreich. Kurz vorher war Helene van Damm, die ehemalige US-Botschafterin in Wien, nach Washington gereist und hatte dort ihren alten Freund (und, so heißt es, sogar früheren Liebhaber) Ronald Reagan getroffen. Helene van Damm, die in den konservativen Kreisen Wiens einen gewissen Einfluß ausübte, vertrat mit viel Verve die Sache Waldheims in mehreren Artikeln in der österreichischen Presse. Die Freundin des amerikanischen Präsidenten war gleichzeitig die Gattin Peter Gürtlers, des Inhabers des berühmten, durch eine Torte unsterblich gewordenen Hotels Sacher, und Vorsitzenden des Unterstützungskomitees für Kurt Waldheim.

Zur gleichen Zeit also, da der neue amerikanische Botschafter in Wien, Ronald Lauder, der Sohn der bekannten jüdischen Schauspielerin Esther Lauder, beschloß, der Angelobung des neuen Präsidenten fernzubleiben, wurden zwischen Washington und Wien hintenherum Freundlichkeiten ausgetauscht. Kurt Waldheim hatte übrigens von sich aus die Initiative ergriffen und bereits Anfang April den Vizepräsidenten George Bush angerufen, um sich der neutralen Haltung Washingtons in seiner Sache zu versichern. Daß die vom Justizministerium geführten Nachforschungen über Kurt Waldheim plötzlich ins Stocken gerieten, hatte sicher mit diesem Gespräch zu tun.

Protokollarische und andere Glückwünsche

Nach dem ersten Wahlgang waren die westlichen Regierungen erleichtert. Die österreichische Bevölkerung hatte sich zu Waldheim bekannt, also würde es leichter sein, sich hinter dem Respekt vor der nationalen Souveränität zu verschanzen und auf solche Art diese heikle Frage zu umgehen.

Nur Luxemburg bekundete klar seine Mißbilligung. Im Juni hatten die Luxemburger und die Schweizer Regierung plötzlich entdeckt, daß der junge Waldheim eine Dissertation verfaßt hatte, in der er die Idee eines Anschlusses der Benelux-Staaten und der Schweiz ins "Großdeutsche Reich" vertreten hatte. Wien wurde um eine Stellungnahme gebeten, doch blieb es bei dieser einmaligen Geste der Entrüstung.

Die niederländische Regierung erklärte ihrerseits, sie wolle zu Kurt Waldheim "nüchterne" Beziehungen unterhalten. Um diese Nüchternheit bemühte sich auch der französische Präsident François Mitterand in seiner Grußadresse, deren Worte sorgfältig abgewogen waren. Nach Ansicht von Protokollbeamten der Präsidentschaftskanzlei ist der Ton dieses Telegramms eher "klassisch als herzlich". Die "Cohabitation" zwischen einem sozialistischen Präsidenten und einem konservativen Premierminister machte sich auch hier bemerkbar. Während sich Jean Poperen, einer der Führer der Sozialistischen Partei, von der Wahl Waldheims schockiert zeigte, erklärte Jacques Chirac, "nirgends einen handfesten Beweis für Waldheims Verwicklung in Nazi-Verbrechen gesehen zu haben."

Andere hatten nicht einmal bis zum Wahlsieg Kurt Waldheims gewartet, um ihn ihrer wärmsten Unterstützung zu versichern. So erklärte z.B. der westdeutsche Kanzler Helmut Kohl, ein alter Freund des österreichischen konservativen Kandidaten, bereits am 27. April 1986: "Waldheim ist ein großartiger Patriot. Ich habe zwar nicht mitzuwählen, ich würde aber genau wissen, wen ich zu wählen hätte." Seltsamerweise schockierte diese Aussage, die eine eindeutige Wahlempfehlung darstellte, die sonst so eifrigen Verteidiger der "nationalen Souveränität" nicht im geringsten.

Besonders der Kreml bekundete nach Waldheims Wahlsieg überschäumende Begeisterung, und zwar nicht, wie man hätte erwarten können, weil dieser über seinen österreichischen Gegenkandidaten, sondern weil er über den "internationalen Zionismus" triumphiert habe. Der überschwengliche Kommentar der Nachrichtenagentur Tass stellte übrigens die erste offizielle Erwähnung Kurt Waldheims seit Wochen dar. Die Affäre Waldheim hatte nämlich für die Sowjetunion nie existiert.

Anläßlich der Polemik um den österreichischen Staatsmann kam auch der Ost-West-Gegensatz in seiner ganzen, beinahe ein wenig vergessenen Schärfe wieder zum Vorschein. Die Führer der arabischen Länder betrachteten den Wahlsieg Waldheims als eine Niederlage für Israel und folglich für die Vereinigten Staaten. Ihre Grußbotschaften sind in demselben Ton gehalten wie die der Sowjetunion. Als erster sandte der syrische Präsident Hafez el Assad ein Glückwunschtelegramm an Waldheim, knapp gefolgt von Oberst Gaddafi und dem algerischen Präsidenten Chadli Benjedid. Massoud Radjavi, der Führer der iranischen Volksmujaheddin, beglückwünschte ihn ebenso wie die Gruppe von Abu Nidal, die ihm die Titelseite ihrer Zeitschrift "Falastin et Thawra" widmete. Die ägyptischen Zeitungen freuten sich über diese "Ohrfeige für den Zionismus", und die PLO teilte diese Sicht der Dinge. Ein wenig später wurde Waldheim nach Syrien und Libyen eingeladen, doch weiß er zu gut, daß solche Reisen im Westen einen sehr ungünstigen Eindruck hinterlassen, auch wenn er es nicht versäumt, mit besonderem Nachdruck auf seine "Freunde in der arabischen Welt" hinzuweisen.

Handelt es sich dabei um eine Abwehrreaktion gegen die fortdauernde Berücksichtigung der Nazi-Vergangenheit in der Politik der westlichen Länder? Wurden die opportunistischen Erklärungen des ehemaligen Generalsekretärs für bare Münze genommen? Wurde der These vom "jüdischen Komplott" Glauben geschenkt? Die Waldheim-Begeisterung in der arabischen Welt hat bestimmt mit all diesen

Faktoren zu tun, ist aber doch umso erstaunlicher, als sich Israel während der ganzen Affäre auffallend zurückgehalten hatte.

Der israelische Fatalismus

Die letzte offizielle israelische Reaktion auf die Wahl Kurt Waldheims, ein Ausspruch Itzhak Shamirs vom 11. Juni, hat heute einen merkwürdigen Beiklang: "Sollte die Welt weiterhin schweigen, so könnte der Nationalsozialismus, dieses abscheuliche Ungeheuer, von neuem das Haupt erheben." An jenem Mittwoch gaben die israelischen Abgeordneten in der Knesset ihrer Entrüstung - zum letzten Mal - freien Lauf. Eine große Anzahl von dringenden Anfragen wurde an den Präsidenten der Kammer, Shlomo Hillel, gerichtet. Der Likud-Abgeordnete Dan Meridor, der frühere Sekretär Menachem Begins, ergriff das Wort: "Waldheim ist ein Lügner, er hat Adolf Hitler einen Eid geschworen und in der Wehrmacht, der braunen Armee, die die Shoah verbreitet hat, gedient." Rabbi Meir Kahane zerriß auf der Tribüne die rot-weiß-rote Fahne Österreichs und schrie: "Der Name des verfluchten Nazis Waldheim soll von der Erdoberfläche getilgt werden."

Es erwies sich jedoch, daß diese "denkwürdige" Sitzung nur ein Psychodrama darstellte: Israel begrub die Affäre Waldheim. Der Staatspräsident Chaim Herzog schickte zwar seinem neuen Amtskollegen und ehemaligen Freund in New Yorker UNO-Kreisen keine Glückwünsche, wie es die Etikette eigentlich erforderte, aber er war nicht der einzige. Die diplomatischen Beziehungen wurden nicht abgebrochen, nur der israelische Botschafter in Wien, Michael Elitzur, wurde "zu Konsultationen" abberufen.

Schon von Anfang an schien es, als wollten sich die israelischen Politiker nicht recht für die Affäre interessieren. Schimon Peres sprach nur widerstrebend und in allgemeinen und hypothetischen Wendungen darüber. Abschließend erklärte er im Juni: "Das Problem ist nicht, ob er nun gewählt wird oder nicht. Nein, was uns beunruhigt, ist der antisemitische Hintergrund seiner Wahl." Erst als Itzhak Shamir, sein Koalitionspartner, nach New York, dem Sitz des Jüdischen Weltkongresses, fuhr, hörte man von ihm einen Angriff gegen Waldheim: "Die Wahl eines solchen Mannes wäre eine Tragödie." Chaim Herzog, der als Staatspräsident eher eine moralische als eine politische Instanz darstellt, wollte nicht Stellung beziehen: "Ich empfehle keine besondere Maßnahme für den Fall, daß er österreichischer Präsident wird, ich bin dazu nicht befugt. Die Regierung muß handeln, wie sie es für richtig hält." Herzog, der als das Gewissen Israels gilt, erlegte sich in der Affäre Waldheim größte Zurückhaltung auf. Er erlaubte sich nur festzustellen, daß "Griechenland und Jugoslawien in der Affäre Waldheim ein rätselhaftes Schweigen bewahren."

Offiziell gehen die Ermittlungen weiter. In Wirklichkeit aber kann man sich die Frage stellen, ob sie je begonnen haben. In den Wochen vor der entscheidenden Wahl am 8. Juni hatte die Presse mehrmals die Veröffentlichung eines Berichts über die Affäre Waldheim angekündigt, die vom Abteilungsleiter des Ressorts Internationales im Justizministerium, Dennis Gouldmann, verfaßt worden war. Bis heute wartet man vergebens. Der Bericht ist in Vergessenheit geraten. Was den Justizminister Itzak Modai angeht, den Schimon Peres wegen wiederholter Schwierigkeiten mit dem Koalitionspartner zum Rücktritt gezwungen hatte, engagierte er sich nur vorübergehend in dieser hochbrisanten Affäre. Mehrmals ließ Modai höchst eifrig anklingen, daß Israel über die Vergangenheit vieles wisse. Ende Mai sagte er, "er könnte zumindest wegen Beihilfe zu Verbrechen angeklagt werden." Dann, Anfang Juni, hatte er es sich plötzlich anders überlegt und gab zu, daß er keinerlei Beweis dafür besitze, daß Kurt Waldheim in NS-Kriegsverbrechen verwickelt gewesen sei. Und dies scheint exakt der Wahrheit zu entsprechen.

Shevah Weiss, Vorsitzender des parlamentarischen Unterausschusses, der sich mit der Affäre Waldheim befaßt, meinte etwas naiv, die Äußerungen von Modai stünden "in völligem Gegensatz zu den von Israel entfalteten Bemühungen." Und er verlangte als ersten Schritt für einen Auslieferungsantrag, daß unverzüglich Anklage gegen den UNO-Generalsekretär erhoben werde. Itzak Modai ließ uns durch seinen Sekretär mitteilen, daß "er nun dringlichere Angelegenheiten als die Affäre Waldheim zu behandeln hätte." Außerdem habe er einen "Sondergesandten" nach Europa geschickt, mit dem Auftrag, "die Öffentlichkeit über die Persönlichkeit des österreichischen Diplomaten aufzuklären"! Niemand hat je diesen merkwürdigen Abgesandten, einen gewissen Dov Schmorak, zu Gesicht bekommen.

Die israelische Presse, die sich selbst nicht gerade sehr angestrengt hatte, um über Kurt Waldheim zu ermitteln, verurteilte den Kleinmut der Politiker. "Welch jämmerlicher Schnitzer, was für ein Rückzieher! Wenn es stimmt, daß Israel Beweise gegen Waldheim hat, warum bringt sie die Regierung nicht an die Öffentlichkeit, bevor die Bürger Österreichs zur Wahl gehen?" fragte sich der Leitartikler von *Yedioth Aharonoth*, der größten israelischen Tageszeitung. Um das

Maß voll zu machen, gruben die Zeitungen wieder einmal die Legende aus: "Unter Begin wäre das nie passiert."

Menahem Begin, der alte charismatische Chef der Herout-Partei, hat das Schweigen, in das er sich seit zwei Jahren hüllt, keineswegs gebrochen. Er ließ nichts über Waldheim verlauten, den er persönlich kannte. Seinerzeit hatte er noch den ehemaligen westdeutschen Bundeskanzler Helmut Schmidt angegriffen, weil dieser ebenfalls die Uniform der Wehrmacht getragen hatte. Während sich die israelischen Politiker schnell der neuen Situation angepaßt und für Waldheim nach seiner Wahl zum Generalsekretär der Vereinten Nationen den roten Teppich aufgerollt hatten, entschied sich Begin dafür, fallweise Lob oder Tadel zu verteilen. Kurz nach seinem Amtsantritt 1977 traf Begin Waldheim in den Vereinigten Staaten. Begin berichtete über diese Unterredung am 22. Juli 1977 bei einem Essen im Hotel Waldorf Astoria in New York: "Ich sprach mit dem Herrn Generalsekretär der Vereinten Nationen über die fürchterliche Lage der Juden in Syrien. Wissen Sie, was er mir antwortete? Herr Waldheim sagte mir, er werde sich sehr bald dieser Sache annehmen." Worauf der ganze Saal über die spöttische Bemerkung Begins in Gelächter ausbrach.

"Ich muß zugeben, daß unsere Reaktionen nie den Hoffnungen des World Jewish Congress und der Juden in der Diaspora entsprochen haben", sagte uns Abba Eban, Vorsitzender des außenpolitischen Ausschusses und ehemaliger Außenminister, als Kurt Waldheim UNO-Generalsekretär war. "Einige Leute waren der Ansicht, Schimon Peres habe, als er von der Affäre sprach, nicht die leidenschaftlichen Worte gefunden, die angebracht gewesen wären, sondern, im Gegenteil, sich eines zu ausgewogenen Tones bedient. Unsere Reaktionen wurden vom Realismus, von der "Staatsräson" bestimmt, das will ich gar nicht leugnen", fuhr Abba Eban fort, der es auch für "sinnlos" hält, von Jerusalem den Abbruch der diplomatischen Beziehungen zu Wien zu fordern. "Man darf auch nicht vergessen, daß 46 % der Österreicher gegen Waldheim gestimmt haben." Abba Eban bestreitet auch nicht, daß Israel die Wahl Waldheims an die Spitze der Vereinten Nationen hingenommen hat:

"Wir wußten, daß er Wehrmacht-Offizier gewesen war, aber wir haben keine besonderen Nachforschungen angestellt. Dieser Fehler kann uns nicht angelastet werden. Er hatte alle Hindernisse überwunden, um dieses Amt zu übernehmen, und ausschlaggebend für eine solche Entscheidung sind die vorgeblich ‚antinazistischen' Großmächte des Sicherheitsrates." Vielleicht liefert Abba Eban hiermit einen Schlüssel für das offensichtliche Desinteresse vieler Israelis für diese Affäre. Es muß nämlich betont werden, daß es in Israel nie große

Demonstrationen gegen Kurt Waldheim gegeben hat. "Ich glaube, daß die Tatsache, daß er die deutsche Uniform getragen hatte, uns keinerlei Illusionen ließ. Von einem Mann mit einer solchen Vergangenheit konnte man nichts erwarten."

SCHLUSS

Demokratie verpflichtet

Seit dem 8. Juni 1986 ist Kurt Waldheim der demokratisch gewählte Präsident eines jener wenigen Länder, in denen die politischen Grundrechte gewahrt werden, wo es Pressefreiheit gibt und die allgemeinen Wahlen unter normalen Bedingungen stattfinden. Das Kapitel Österreich im Jahresbericht von Amnesty International ist extrem kurz. Trotzdem sahen sich die anderen Länder einem noch nie dagewesenen Problem gegenübergestellt: Hier ist ein Bundespräsident, der wissentlich die ganze Welt belogen hat, sich das Vertrauen der Großen dieser Welt aufgrund einer gefälschten Biographie erworben hat und der dank eines weltweiten Schweigens sein Amt behält.

So einfach es ist, im Namen der "Realpolitik" Vorbehalte gegen den ehemaligen Helfer einer grausamen Tyrannis zurückzustellen und ihn im Namen der Staatsräson mit allen Ehren zu empfangen, so schwer ist es, diplomatisch die Gegenwart Kurt Waldheims in der Runde der Staatschefs der demokratischen Staaten handzuhaben.

Die Besuche der früheren österreichischen Bundespräsidenten in den westlichen Ländern erregten kein großes Aufsehen. In Frankreich war der Besuch von Bundespräsident Rudolf Kirchschläger 1985 der letzte; er verlief in einer herzlichen und wohlwollenden Atmosphäre. Österreich als neutrales Land möchte zwischen jenen Ländern vermitteln, die in Konflikte verstrickt sind - Ost und West, Nord und Süd, Araber und Israelis. Allein schon die Bedingungen, unter denen sich die Präsidentschaftswahlen abgespielt haben, untersagen nun dem neuen Bundespräsidenten, die traditionelle Rolle des Good-will-Botschafters zu übernehmen, zumindest gegenüber den westlichen Demokratien.

Der Beifall der Sowjetunion und gewisser arabischer Länder wie Libyen und Syrien, die die Wahl Kurt Waldheims als "vernichtende

Niederlage des internationalen Zionismus" begrüßt haben, kann das Zögern der westlichen Länder, und vor allem der USA, den neuen österreichischen Präsidenten wie seinen Vorgänger zu behandeln, nicht wettmachen. Die Würde der demokratischen Länder, die diplomatische Beziehungen zu Wien unterhalten, steht auf dem Spiel: Wenn sie sich verhalten, als ob nichts vorgefallen sei, so sieht es aus, als akzeptierten sie, hinters Licht geführt worden zu sein, oder schlimmer noch, sie böten Anlaß, der Mitwisserschaft beschuldigt zu werden; manche bringen diesen Vorwurf ohne weiteres vor, überzeugende Beweise haben sie allerdings nicht.

Kurt Waldheim baut ausdrücklich auf den natürlichen Hang der Staaten, sich mit dem jeweiligen status quo abzufinden: "Machen Sie sich keine Sorgen", antwortete er während seiner Wahlkampagne all denen, die sich wegen der Reaktion des Auslands auf seine eventuelle Wahl beunruhigt zeigten: "Ich kenne die internationale Szene, alles wird in seine gewohnten Bahnen zurückkehren, wenn die gegen mich laufende Verleumdungskampagne beendet ist." Kann Kurt Waldheim auf den Zynismus der Staatsräson vertrauen?

Mindestens zwei Gründe sprechen dafür, daß die demokratischen Länder nicht darauf eingehen sollten, sich vom neuen Herrn der Hofburg durch Konvention und diplomatische Gepflogenheiten festlegen zu lassen. Der erste Grund läßt sich aus der österreichischen Verfassung selbst ableiten, die die ersten zwei Männer im Staat mehr oder weniger gleichstellt: Zwar ernennt der Bundespräsident den Kanzler, aber letzterer ist befugt, mit Unterstützung des Parlaments ein Mißtrauensvotum gegen den Bundespräsidenten zu organisieren. Der Präsident vertritt zwar Österreich im Ausland, aber de facto entscheidet der Kanzler über die Außenpolitik. Waldheim zu boykottieren würde nicht bedeuten, Österreich ins Abseits zu drängen, vorausgesetzt, daß man normale Beziehungen mit dem Kanzler unterhält. Der gegenwärtige sozialdemokratische Kanzler Franz Vranitzky hat es im übrigen sehr wohl verstanden, die augenblicklichen Schwierigkeiten Kurt Waldheims zu nutzen, um im In- und Ausland einen Bekanntheitsgrad und eine Achtung zu erlangen, die seinem Vorgänger Fred Sinowatz - dem die Kreisky-Nachfolge etwas schwerfiel - nicht zuteil geworden war.

Der zweite Grund dafür, daß die demokratischen Staaten den Fall Waldheim nicht dem reibungslosen Verlauf der internationalen Beziehungen opfern sollten, ist moralischer Natur. Die gegenwärtige Weltordnung, die aus dem Sieg über den Nationalsozialismus hervorgegangen ist, baut darauf auf, daß alle Gründerstaaten der Vereinten Nationen die Hauptwerte der Ideologie des Dritten Reiches ablehnen:

den Glauben an eine Herrenrasse, die Überzeugung, Macht gehe vor Recht, und eine Verherrlichung der Gewalt. Nie hat sich Kurt Waldheim glaubwürdig von diesen Auswüchsen einer Zeit distanziert, in der er es immer verstanden hatte, sich zurechtzufinden.

Das Recht auf Wiedergutmachung und Vergebung wurde anderen leitenden Politikern, die keine Helden gewesen waren, zuerkannt - sogar ehemalige Mitglieder der NSDAP wie Carl Carstens, der deutscher Bundespräsident war, konnten höchste Ämter erlangen, ohne daß die Welt darüber in Aufregung geriet. Im Unterschied zu Waldheim hat Carstens nie versucht, die Öffentlichkeit hinters Licht zu führen, und er hat auf seine Weise dazu beigetragen, daß ein Deutschland, das sich vor der Geschichte schuldig bekannt hatte, die schmerzhafte Arbeit der Versöhnung unternahm. Nein, nicht die Tätigkeit des Oberleutnants Waldheim verdient heute geahndet zu werden, sondern die fortwährende Beleidigung der Erinnerung und des Gedenkens, deren sich dieser Meister des Opportunismus und des politischen Karrierismus schuldig gemacht hat.

Der kanadische Professor Irwin Cotler schlägt am Schluß seines Berichts über den Fall Waldheim folgendes vor: "Die Bildung eines Gerichts, das Richter aus sieben Ländern vereinigt, um über die Berechtigung der gegen Kurt Waldheim erhobenen Anklagen zu ermitteln. Jedes Land sollte einen angesehenen Juristen ernennen, der diesem Gericht angehört. Die fünf Länder, die ursprünglich Mitglieder der UNO-Kommission für Kriegsverbrechen waren, sollten sich an diesem Gericht beteiligen, denn dieser Fall betrifft sie - in unterschiedlicher Weise - ganz offensichtlich. Es handelt sich um die Vereinigten Staaten, Kanada, Großbritannien, Griechenland und Jugoslawien. Für diese Angelegenheit sollten noch die Vertreter der Bundesrepublik Deutschland und Österreichs hinzukommen."

Beim gegenwärtigen Stand der Rechtssprechung in Sachen Kriegsverbrechen könnte das Ergebnis der Juristenkommission, die Professor Cotler vorschlägt, oder der Sondersitzung des Russel-Tribunals, die sein derzeitiger Vorsitzender, der jugoslawische Historiker Vladimir Dedijer zu organisieren versucht hat, nur die Erstellung einer Akte sein, ohne daß der entsprechende Prozeß je stattfinden könnte. Denn aller Wahrscheinlichkeit nach fällt Kurt Waldheim unter den Schutz der Verjährung.

Die Suche nach der Wahrheit und nicht der Wunsch nach Rache könnte zu solchen Schritten bewegen. So böte sich für die große Masse der Österreicher die Gelegenheit, sich wieder mit der Geschichte zu befassen, die man so unerträglich manipuliert hat. Gewisse Beobachter in Wien befürchten jedoch, daß diese neuen Auseinandersetzungen mit der Vergangenheit für die jüngeren Leute das Trauma eines regelrechten "Vatermordes" auslösen könnte - eine recht dramatische Sicht des Falles Waldheim.

Für das Kollektivbewußtsein in Europa sind die Folgen des Skandals vom Frühjahr 1986 bestimmt noch verhängnisvoller - dieser Triumph des Schweigens, trotz aller hochheiligen Willensbezeugungen, "alles aufzuklären." Kurt Waldheim erklärte mehrmals - allerdings bevor er sicher war, die Wahl zu gewinnen - er sei gerne bereit, sich den Fragen unabhängiger Historiker zu stellen. Am 13. Juli 1986 jedoch ließ Bundespräsident Waldheim dem Russel-Tribunal schroff ausrichten, daß er der Anfrage dieser "aus privaten Mitteln finanzierten Organisation" nicht stattgeben werde. Diese Anspielung auf die Finanzierungsquellen einer internationalen Kommission veranschaulicht sehr gut, daß Kurt Waldheim von der fixen Idee eines "Komplotts" besessen ist - hatten seine Anhänger nicht bar jeglicher Beweise den Jüdischen Weltkongreß beschuldigt, gewisse Zeugenaussagen von Griechen, die ungünstig für ihren Kandidaten waren, "gekauft" zu haben. Auf diese Weise hat es Kurt Waldheim geschafft, die These zu verbreiten, daß die Polemik um seinen Fall eine persönliche Angelegenheit zwischen ihm und den Juden in aller Welt sei. Noch nie hat es jemand gewagt, ein solches "Argument" mit soviel Nachdruck zu gebrauchen. Gewiß, es stimmt, daß die Forscher, denen es heute noch darum geht, die Naziverbrechen voll und ganz aufzuklären, sehr oft jüdischer Herkunft sind - das kann mit der Belastung durch die jüngere Geschichte erklärt werden, außerdem auch mit der sehr spezifischen Beziehung der jüdischen Tradition zu Erinnerung und Rückschau.

In der Frühzeit des hebräischen Volkes herrschte die Regel: Auge um Auge, Zahn um Zahn, aber sein ganzer abenteuerlicher geistiger Weg hat darin bestanden, sich davon loszulösen und den Zustand anzustreben, in dem "es möglich ist", um die Wendung eines maßgeblichen Vertreters der jüdischen Gemeinde zu zitieren, der mit Premierminister Jacques Chirac gerade ein Gespräch über die Affäre Waldheim geführt hatte, "oft zu verzeihen, jedoch nie zu vergessen."

Die zahlreichen Jugoslawen, die versucht haben, Waldheims Unwahrheiten richtigzustellen, waren aber keine Juden, ebensowenig wie der Schriftsteller Peter Handke, der Waldheim vorwarf, "ein Sprachunfähiger, welcher das amtliche Sagen hat", zu sein.

Der Fall des neuen österreichischen Präsidenten hat plötzlich schonungslos gezeigt, um wieviel das alte Europa schon wieder gealtert ist. Die feinen Unterscheidungen der berufsmäßigen Nazijäger zwischen "aktiven Nazis" und "passiven Nazis" erwiesen sich als unangemessen: Der Oberleutnant war nämlich während der Nazizeit bestenfalls "in aktiver Weise passiv".

Und dann siegt die Gleichgültigkeit. In den reichen Ländern entrüstet man sich kaum mehr in einer Zeit, da die Präzision der journalistischen Enthüllungen im umgekehrten Verhältnis zur allgemeinen Betroffenheit steht, die sie auslösen sollen. In der Flut der Glückwunschbotschaften, die im Juni 1986 in der Hofburg eintrafen, in dem beifälligen Gemurmel des offiziellen Empfangs, bei dem sich die Botschafter nach der Vereidigung Waldheims drängten, konnte man die strenge Aufforderung vernehmen: "Ruhe! Jetzt wird regiert."

Anmerkungen

1 Robert O. Paxton, La France de Vichy 1940-1944, Paris 1973; Michael R. Marrus/Robert O. Paxton, Vichy et les juifs, Paris 1981.
2 L'Express, 29. August 1986.
3 Interview in "Rolling Stone", August 1986.
4 Am 40. Jahrestag der Enzyklika Leos XIII., "Rerum Novarum", verkündete Pius XI. am 15. Mai 1931 die der sozialen Frage gewidmete Enzyklika "Quadragesimo anno". In dieser Enzyklika verurteilte der Papst gleichermaßen den Individualismus und den Kollektivismus.
5 D. Van Arkel, Austrian Antisemitism, Leyden 1966.
6 "Le Monde", 4. Mai 1986.
7 Am Vorabend der Befreiung wurde eine Gruppe von etwa hundert Widerstandskämpfern in der Umgebung von Tulln aufgespürt und erschossen.
8 Albert Massiczek, "Zweimal illegal". Bericht eines Zeitzeugen. In: Verdrängte Schuld, verfehlte Sühne. Entnazifizierung in Österreich 1945-1955, Wien 1986, S. 302-320; hier S. 308.
9 George Clare, Derniére valse à Vienne, Paris 1986; hier zitiert nach der deutschen Ausgabe: Das waren die Klaars. Spuren einer Familie, Berlin-Frankfurt/M.-Wien 1980, S. 231 f.
10 G.E. R. Gedye, Als die Bastionen fielen, Wien 1981, S. 291-295.
11 Stephen J. Solarz hatte Kurt Waldheim im Anschluß an einen Artikel in der amerikanischen Zeitschrift "New Republic" angeschrieben, in dem behauptet wurde, Waldheim habe seine Vergangenheit gefälscht, indem er alle kompromittierenden Einzelheiten aus seiner Biographie gestrichen habe.
12 Kurt Waldheim, Un métier unique au monde, entretiens avec Eric Rolleau, Paris 1985 (deutsch: Im Glaspalast der Weltpolitik, Düsseldorf-Wien 1985, S. 327 ff.
13 Zwei Arbeiten geben eine zusammenfassende Darstellung der militärischen Laufbahn von Kurt Waldheim. Einerseits die Broschüre Pflichterfüllung. Ein Bericht über Kurt Waldheim, Wien 1986 (mit einem Vorwort von Peter Handke), herausgegeben von Historikern, die der Bewegung "Neues Österreich", die gegen Waldheims Kandidatur Stellung bezogen hat, nahestehen; andererseits das Dossier Kurt Waldheim's Hidden Past. An Interim Report to the President of the World Jewish Congress, WJC, New York, 2. Juni 1986, das von Historikern im Auftrag des Jüdischen Weltkongresses zusammengestellt wurde.
14 Nach der Eintragung "Waldheim, Kurt" in der Archivkartei WAST, die am 21. März 1979 der französischen Militärregierung in West-Berlin übermittelt wurde. Anderen Quellen zufolge handelte es sich um ein Landkrankenhaus in der Gegend von Orel.
15 Personalakt Dr. Kurt Waldheim, Außenamt, BM f. Auswärtige Angelegenheiten.
16 Dossier 23556, Archiv der Alliierten, Berlin.
17 Emil Guikovaty, Tito, Paris 1979.
18 Interessanterweise ist in der persönlichen Akte Waldheims im österreichischen Außenministerium ausdrücklich vermerkt: "serbokroatisch gering". Niemand scheint sich jedoch gefragt zu haben, wie er sich auch nur geringe Kenntnisse in dieser Sprache aneignen konnte, wo er doch seinen Angaben nach bis zur deutschen Kapitulation ungestört in Wien geblieben war...
19 Kriegsrangliste, Armeeoberkommando 12, 30. Juni 1942, Archiv Freiburg.
19a Die Darstellung der Tätigkeit Waldheims bei der "Kampfgruppe Westbosnien" wurde von seiner Seite im Lauf des Jahres 1986 noch einige Male verändert: "Nach weiteren Recherchen gaben seine (Waldheims, d. Ü.) amerikanischen

Anwälte im August 1986 in einer Eingabe ans US-Justizministerium an, Waldheim sei tatsächlich als Ordonnanzoffizier O2 im Stab des Quartiermeisters (1b) der Kampfgruppe Westbosniens, Hptm. Plume, seit Anfang Juli 1942 in Banja Luka tätig gewesen. Im Dezember 1986 korrigierten die Anwälte einen Teil der Aussage mit einer weiteren Eingabe, wonach Waldheims Vorgesetzter in Banja Luka nicht Quartiermeister (1b), sondern bloß Versorgungsoffizier (IVa) war. Als O2 des IVa hätte Waldheim nichts mit Gefangenen zu tun gehabt. Das amerikanische Justizministerium hat diese auf der eidesstattlichen Erklärung eines früheren Dienstkollegen beruhende Version zurückgewiesen. Nach seinen Erkenntnissen war Waldheim zweiter Offizier der Quartiermeisterabteilung und damit in Transporte von gefangenen Partisanen und Zivilisten verwickelt." Die Weltwoche, Nr. 21, 21. Mai 1987, S. 9.

20 E. Guikovaty, a.a.O., S. 231.

21 Vgl. "Start", Zagreb, 22. März 1986.

22 Vgl. "To Vima", Athen, 13. März 1986 und "Newsweek", 26. Mai 1986.

23 Tito, Gesammelte militärische Schriften, Belgrad o.J., Bd. I, S. 128-129.

24 Nürnberger Prozeß, Dok. Nr. 066K, 16. Dezember 1942.

25 J. Vujosevic, "L'occupation italienne", in: Revue d'histoire de la Seconde Guerre mondiale, Nr. 87 (Juli 1972), S. 35.

26 Vgl. "Profil", 10. März 1986.

27 A. Kedros, La Résistance grecque, Paris, S. 316-318.

28 H. Fleischer, in "To Vima", Athen, 13. April 1986.

29 Vgl. R. Herzstein, in"The Sunday Times", London, 11. Mai 1986.

30 Nationalarchiv der Vereinigten Staaten, Washington, t. 311/181/0003-000.

31 M.I.D., US War Department, The German Military Intelligence, 1939-1945, Washington, S. 224-225.

32 D. Kahn, Hitler's Spies, The German Military Intelligence, New York 1983.

33 "Libération", 18. April 1986.

34 Vgl. Irwin Cotler, Opening the file. The indictment of Kurt Waldheim, Faculty of Law, McGill University, Montreal (ms.) 1986.

35 Curzio Malaparte, Kaputt, übers. v. Hellmut Ludwig, Karlsruhe 1951, S. 409-410.

36 Diese Kommission wurde auf Initiative der Vereinigten Staaten, Kanadas, Großbritanniens, Griechenlands und Jugoslawiens gegründet.

37 Vgl. den ausgezeichneten Artikel von Jane Kramer, "Letter from Europe", in "The New Yorker", 30. Juni 1986.

38 Karl Gruber, Von der Befreiung zur Freiheit, Wien 1963, S. 47.

38a Friedrich Peter war vor den Nationalratswahlen 1975 als Vizekanzler einer SPÖ-FPÖ-Koalition im Gespräch, die aber nach der neuerlichen absoluten SP-Mehrheit nicht zustande kam. Als 1983 SPÖ und FPÖ eine Koalitionsregierung bildeten, wurde Peter von seiner Partei für den Posten des 3. Nationalratspräsidenten vorgesehen, verzichtete aber letztlich - nach massiven Widerständen aufgrund seiner NS-Vergangenheit - freiwillig darauf.

39 Andrija Artukovic wurde am 3. Juni 1986 zum Tode verurteilt.

40 Das wird in der wichtigsten Biographie Titos, Vladimir Dedijer, Tito parle, Paris 1953, nicht erwähnt.

41 V. Dedijer, Le Défi de Tito, Staline et la Yougoslavie, Paris 1970, S. 61.

42 "The Jerusalem Post", 30. Juni 1986.

43 Graham Greene, Der dritte Mann, Hamburg-Wien 1962, S. 17.

44 Michael Berlin, "Baltimore Sun", 15. Juni 1986.

45 Folgende Anekdote ist kennzeichnend für Waldheim: Daran gewöhnt, sich aus Protokollgründen unters Volk zu mischen, geht er einmal auf eine afrikanische Frau zu, deren Kind offensichtlich nahe daran ist, in den Armen der Mutter an Unterernährung zu sterben, und bemerkt zerstreut: "Oh, haben Sie aber ein hübsches Baby!"

46 Interview Marie-Luise Kaltenegger, Wiener Juni 1986, S. 44 f.

Zeittafel

November 1918	Ende der österreichischen Monarchie. Kaiser Karl geht ins Exil. Ausrufung der Republik Österreich.
21. Dezember 1918	Kurt Josef Waldheim wird als erstes Kind des Lehrers Walter Waldheim und seiner Gattin Josephine, geb. Petrasch, in Sankt Andrä-Wördern bei Tulln, Niederösterreich, geboren.
Oktober 1928	Kurts Vater, Walter Waldheim, wird zum Bezirksschulinspektor in Tulln ernannt.
13. Februar 1934	Scheitern der sozialdemokratischen Erhebung in Österreich. Kanzler Dollfuß errichtet den "Christlichen Ständestaat"; besser bekannt unter der Bezeichnung "Austrofaschismus".
25. Juli 1934	Dollfuß wird bei einem nationalsozialistischen Putschversuch getötet. Kurt von Schuschnigg wird Kanzler.
Juni 1936	Kurt Waldheim legt am Gymnasium von Klosterneuburg die Matura ab.
1936 - 37	Militärdienst beim Dragonerregiment 1, Stockerau.
1937 - 39	Studium an der Juridischen Fakultät der Universität Wien und an der Konsularakademie.
13. März 1938	Einmarsch der deutschen Truppen in Österreich. Hitler verkündet den Anschluß Österreichs ans Deutsche Reich.
1. April 1938	Waldheim tritt dem NS-Studentenbund bei.
18. November 1938	Kurt Waldheim wird Mitglied der SA (Braunhemden).
15. August 1939	Kurt Waldheim rückt mit dem Dienstgrad eines Unteroffiziers bei der Deutschen Wehrmacht ein. Frankreich-, dann Rußlandfeldzug.
17. Dezember 1941	In Weißrußland durch Granatsplitter verletzt.
14. März 1942	Nach seiner Genesung wird er mit dem Dienstgrad eines Leutnants zum Generalstab der Heeresgruppe E in Pljevlja, Jugoslawien versetzt.
Juli 1943	Zum Stellvertreter des Leiters der Gruppe Ia im Verbindungsstab der Wehrmacht bei der 11. Italienischen Armee in Arsakli bei Saloniki, Griechenland, ernannt.
15. August 1944	Heirat mit Elisabeth Ritschel in Wien. Promotion mit einer Dissertation über "Die Reichsidee bei Konstantin Frantz".
Mai - August 1945	Nach der Niederlage der Hitler-Armeen wird Kurt Waldheim in einem US-Camp bei Bad Tölz interniert.
30. August 1945	Meldung zum Dienstantritt als Referendar beim Oberlandesgericht Wien.
26. November 1945	Antritt zum Probedienst im Bundeskanzleramt, Amt für Auswärtige Angelegenheiten.
1958 - 62	Geschäftsträger, dann Botschafter in Kanada.
1962 - 68	Botschafter bei den Vereinten Nationen.
1968 - 70	Außenminister in der ÖVP-Regierung Josef Klaus.
1971	Kandidat bei den österreichischen Präsidentschaftswahlen. Verliert gegen den Sozialisten Franz Jonas.
22. Dezember 1972	Zum Generalsekretär der Vereinten Nationen gewählt.
Dezember 1977	Für eine zweite Amtsperiode wiedergewählt.
1982 - 86	Diplomat im Ruhestand.
8. Juni 1986	Kurt Waldheim wird zum Präsidenten der Republik Österreich gewählt.

PETER HANDKE

Die gespaltene Zunge ist sein Wappentier

13. Mai 1986

Es ist in Österreich, anders als in fast allen europäischen Ländern, nicht Tradition, daß Schriftsteller sich in die Tagespolitik einmischen. Den Ton zu solcher Enthaltung hat, etwa in der Mitte des neunzehnten Jahrhunderts, unser großer Nationaldichter Franz Grillparzer angegeben, mit dessen Ethos der Form die österreichische Literatur wohl überhaupt erst beginnen konnte, der freieste Geist des Landes, und zugleich der damaligen Monarchie, dem Nachfolger des römischen Kaisers, ein fast starrsinnig loyaler Bürger. Als er sich, während der Freiheitskämpfe des Jahres 1848, doch einmal aufschwang zu sprechen (es blieb dann freilich nur bei schriftlichen Ansätzen) und auf die Gefahren des Übermuts, der "Katzenmusik", hinwies, begann er mit den folgenden Worten: "Von allen Gebieten des menschlichen Geistes lag mir nichts ferner als die Tagespolitik. Ich sage Tagespolitik. Denn die Politik der Jahrhunderte, welche man Geschichte heißt, und die Natur des Menschengeistes, der sich gleich bleibt..., war das angestrengte Studium meines nun siebenundfünfzigjährigen Lebens."

So wird vielleicht verständlich, daß ein zeitferner Nachfahr dieses Künstlers, in vielem einer Beispielsfigur, eines Leitbilds, ganz und gar nicht selbstverständlich über ein bestimmtes Tagesproblem des inzwischen zweimal Republik gewordenen Österreich schreibt, geschweige denn sich dazu gedrängt fühlt, sondern sich zu einer Einmischung geradezu überwinden muß, so als sei das Politische einzig Sache der Politiker und der Journalisten, und die Künstler sollten, wie es ein durch seine Mediengewalt im Land zeitweise mächtiger Mensch einmal ausdrückte, "besser die Karotten in ihrem Garten beschreiben". Dieser

Rat ist zwar bedenkenswert (die Beschreibung einer Pflanze kann, gerade heutzutage, vielleicht einen größeren Weltkreis um sich ziehen als eine Kriegsreportage oder eine Parlamentsdebatte) - und trotzdem wird nun ein österreichischer Schriftsteller, wieder einmal, mit der Tradition brechen und seine Ansicht zu der Präsidentenwahl in diesem kleingewordenen Land sagen. Und anders als Franz Grillparzer, der sich überwand mit einem: "Ich würde meine Pflicht als Bürger zu verletzen glauben, wenn ich nicht spräche", beginne ich mit einem bloßen: "Ich *will* sprechen - und nicht als Schriftsteller oder Bürger, sondern im Namen eines Volkes, des wirklichen, so oft an den Rand gedrängten, kaum je gefragten, fast schon verstummten österreichischen Volks."

Dieses österreichische Volk hat nämlich einen falschen Ruf. Es sei, so sagt man, opportunistisch, genußsüchtig, vergeßlich, unernst, unehrlich, leicht zu beeinflussen. Das mag zutreffen auf die Mengen, Gruppen und überhaupt Mehrheiten und träfe so wohl auch zu auf die Mehrheiten in nicht wenigen Ländern.

Aber gerade in Österreich erscheinen diese Gruppierungen seltsam sprach-, gestalt- und kraftlos. Die Kraft eines Volks geht vielmehr aus von den erstaunlich vielen Einzelnen, ja Vereinzelten, die schwierig sind, kindlich, unbestechlich, bedächtig, sanftmütig; dämonisch, skeptisch, lakonisch, Meister des treffenden Worts - zusammengerechnet ergäben sie, jeder für sich eine stolze Minderheit, da bin ich sicher, die überwältigende Mehrheit.

Und dieses Volk, das einzige, das Dauer hat, soll nun ein Oberhaupt bekommen, welches ihm nicht entspricht. "Nicht entspricht": Das liest sich vielleicht harmlos, meint aber das Äußerste, Schlechtestmögliche. Ein Bundespräsident Kurt Waldheim wäre, wie keiner seiner Vorgänger, eine pure Verkörperung jenes erwähnten Falschbildes vom österreichischen Volk; eine Spottgeburt; ein Wiedergänger aus Transsylvanien, in den Schulzimmern und Polizeirevieren ausgestellt als der Höchste im Staat; ein Sprachunfähiger, welcher das amtliche Sagen hat; ein Gedächtnisloser, der in seinen periodischen Ansprachen an die Bevölkerung mahnend gerade jenen einen Finger, verantwortlich für so viele "W." unten auf menschenfeindlichen Dokumenten, heben wird; ein ewig Unbeteiligter, dem es im Bestfall gelingen mag, ein paar seinesgleichen zur Teilnahme an einem fälschlich so genannten "Volkslauf" aufzurufen, nie aber das österreichische Volk zu einem Schimmer von tätigem Mitleid, das heißt, zum Erbarmen mit gleich welchen Opfern; ein Blickloser, der von seinen Staatsbesuchen in fremden Ländern unseren Fernsehzuschauern einzig das von seinem jeweiligen Pendant ihm gewidmete Doppelporträt heimbringen wird; ein

Gehörloser, der von den Lippen der zur Audienz Vorgelassenen immer nur die paar ihm selber geläufigen Floskeln und Formeln ablesen wird, mechanisch nickend oder schmunzelnd bis über die beiden Ohren zu einem "Ich habe immer nur meine Pflicht getan" oder "Der Krieg war eben der Krieg", dagegen zu einem "Ich habe Schreckliches gesehen" oder "Ich möchte von himmelschreiendem Unrecht erzählen" so überdrüssig wie begriffsstützig die Achseln hebend und, schon halb Auge für den nächsten in der Reihe, sich so taub stellend, wie es vielleicht verständlich wäre bei einem abgestumpften Gefängnisschließer, nicht aber bei dem gewählten und vereidigten Anwalt eines freien Volkes.

14. Mai 1986

Ein Tag ist seit dieser Niederschrift vergangen, und es fehlt mir der Antrieb, das Begonnene systematisch und regelrecht weiterzuführen; vor allem wohl deshalb, weil der Gegenstand ein derart unpoetischer, d.h. Worte abstoßender ist. Statt der versuchten strengen Folge also eine lockere; diese entspricht dem mangelnden Umriß seiner Gestalt.

Was an Konkretem ist gegen Kurt Waldheim vorzubringen? Sind ihm Kriegsverbrechen nachgewiesen worden? Nein. Wir kennen nichts von Waldheim als seine zu Beginn des Wahlkampfes lückenhafte, dann, durch den Druck von außen, ergänzte und korrigierte Biographie, in der jedes neue Detail den "Lebensläufer als Hakenschläger" wieder zum Ergänzen und Verbessern zwänge.

Wir kennen von dem Bewerber um unser höchstes Volksamt nur seine Weise zu sprechen, und diese ist das einzige, wodurch er uns gegenwärtig geworden ist. Seine Vergangenheit, wie auch immer diese gewesen sein mag, hat ihre Gegenwartsgültigkeit durch seine Sprache von jetzt, und wenn wieder und wieder gefordert wird, die Vergangenheit endlich ruhen zu lassen, so können wir nicht darauf eingehen; denn die Sprechweise Waldheims, gerade sie, verhindert jede - sonst vielleicht sogar verständnisvoll eingeräumte - Verjährung. Waldheims Wesen, das unbekannte, sowohl dem Herzen als auch dem Verstand sich nicht Mitteilende, verrät sich allein in seinen wechselnden Mund-Arten. Wir urteilen dabei gar nicht über das Einst, über seine Tätigkeit als Verbindungsoffizier im besetzten Jugoslawien, wo die heimischen Widerstandskämpfer, die Partisanen, im Jargon der widerrechtlich eingefallenen deutschen Armee "Banden" hießen; wir beurteilen den Sprecher von heute.

Dieser gibt das Bild eines Mannes, der, damals wie jetzt, ein Stratege des Wegsehens und Weghörens ist. Prinzip: Ich kann meine Hände in Unschuld waschen; denn ich weiß zwar, daß Verbrechen geschehen, aber als ein Zeuge komme ich nicht in Frage, weil es keine Dienstvorschrift gibt, nach der es Pflicht ist, ein Gedächtnis zu haben. Und wer wegschaut und weghört, hat das Recht, sich auf Sinnestäuschung zu berufen: Was in Wahrheit ein Schmerzensschrei war, durfte vom Weghörer mit einem Knacken im Aktenschrank verwechselt werden; was ein in den Transportwaggon getretener Jude ist, kann aus den Augenwinkeln ein Sack mit dem Mehlnachschub für die kämpfende Truppe sein.

Dieser Mann ist die Fleisch, Sehne und Knochen gewordene Sprachstarre. Dem gelernten Diplomaten, dem die Diplomatie ein und alles geworden ist, bedeutet ein gefühltes, bedachtes, das heißt, persönliches, beseeltes Wort etwas so Fremdes wie ein Stück vom Mond. Die gespaltene Zunge ist sein Wappentier: Im Heimatland die Floskel von der "Verleumdung"; in der weiten Welt, als die entgegengesetze Floskel, eine "Entschuldigung wegen Irreführung der Freunde in den USA"; und dann wieder in Österreich auf den Vorhalt dieser Floskel: In Amerika müsse man so reden; dort werde eine solche Sprache verlangt.

Und eine solche Mehrsprachigkeit, eine ungute, ja schändliche, wie sie wohl auch einem ordentlichen Diplomaten ansteht, soll nun die eines österreichischen Volksoberhaupts werden? Kein Wort haben wir von Kurt Waldheim in dessen wie immer beschaffenen eigenen Sprache vernommen; er spricht ausschließlich die eines Pedells der Konsularakademie, der sich, statt für den Hausmeister, den sicherlich nützlichen, für den würdigen Meister des Volkes hält; und solch ein eigenes Wort würde aus seinem Munde wohl so wundersam tönen wie ein Jodler aus einer leeren Strohgarbe.

Viele gibt es im Staat Österreich wie ihn, ohne einen Hauch von Persönlichkeit, ohne die leuteverbindende Sprachkraft, ohne Ausstrahlung, ohne den Glanz einer Tat. Sie leben unter uns in Frieden, haben ihre Zirkel und ihren Platz (der ihnen gegönnt wird), stolzieren in der Mitte der Promenaden, halten ihre Reden in den Cafés und ihren Hof in den Gastgärten - doch keiner von ihnen hat sich bis jetzt zugetraut, Sprachrohr und Mittler des Volkes sein zu können. Es sind die ortlosen Existenzen hierzulande, ohne Natursinn, ohne Kulturdurst, ohne Kunstbedürfnis. Sie sind die ewigen Lemuren aller Länder, unfähig zu irgendwelcher Verkörperung, weder einer Väterlichkeit, noch einer Gerechtigkeit, noch eines Schönheitssinns. Und kaum je war solch ein Mensch anmaßend genug, einem Volk, einem edlen Volk, vorstehen zu wollen - oder doch einmal, vor jetzt fünfzehn Jahren, als derselbe Waldheim, schon damals Kandidat, den unsterblichen Spruch tat: "Die Unterstellung, ich sei Nationalsozialist *oder gar Jude,* muß ich mit aller Entschiedenheit zurückweisen!"

Und doch: Kein Zorn wird verhindern können, daß Kurt Waldheim, der 1943 in Saloniki wohl nur weggeschaut haben kann, als die griechischen Juden - auf eigene Kosten! - mit "Kinder- und Gruppenermäßigung", durch ganz Europa in den Vernichtungsurlaub geschickt wurden; der sicherlich weggehört hat, als er im selben Jahr des Unheils den Funkspruch mit den dicht folgenden Ausdrücken "Banden", "Bandenzusammenziehungen", "Bandentätigkeit", "Bandenunterstützung", "jüdisches Komitee als vorbereitendes Zentrum", "Säuberungsunternehmen" aufnahm und "für die Richtigkeit der Abschrift" zeichnete mit seinem Namen "Waldheim, Oberleutnant"; der, mehr als 25 Jahre später, in einem anderen Land, 1968 in Prag, die Anweisung unterschrieb, die Zufluchtsuchenden abzuweisen - kein Zorn der Welt wird verhindern können, daß dieser Held am 8. Juni 1986 zu unserem Staatsoberhaupt gewählt werden wird als unser Gespensterkönig. Das Signum "W" werden wir von da an, wie auf den Aggressionspapieren des Krieges, wie auf den Abweisungs-Anweisungen für die Schutzflehenden des Prager Frühlings, auch auf den Staatsakten unserer Republik lesen müssen, nicht bloß als den Krakel des allerhöchsten Notars, sondern als das Mal des Dracula an einem dösenden Volkskörper.

Zu Beginn von Franz Kafkas "Prozeß" tritt ein seltsamer Mann in das Zimmer K.'s und erklärt diesen, "ohne daß er etwas Böses getan hätte", für verhaftet. Dieser Eindringling - auf ihn wartet, wie sich herausstellt, im Vorraum noch ein zweiter - hat etwas Puppen- und Marionettenhaftes an sich, was sich vor allem daran zeigt, daß er auf die Fragen des Verhafteten nicht eingeht oder nur in dem Sinne des "höheren Auftrags", des "Nicht-anders-Könnens", und, bildhaft, daran, daß er einen Anzug mit vielen Taschen trägt, mit Knöpfen geschlossen von oben bis unten: Einen vergleichbaren Amtsdiener im tristesten Sinn, von Hals bis hinab zur Kniekehle zugeknöpft in einen absurden Auftrag, unberührt durch das Unrecht, mit Ahnungslosigkeit antwortend auf den kreatürlichen Aufschrei, einen Lakaien und Verbindungsmann des Schergen und Henkers, werden die Österreicher, ein so eigensinniges, zartes, ironisches, höfliches, wie schwermütiges, wildes, haltbedürftiges, amoklaufbereites Volk, für die nächsten Jahre als ihren Repräsentanten thronen haben - oder eher, als einen gespensterhaften Wort-Leiermann herumstehen sehen... Ein Höfling - ohne Hof - als der *pater populi...*

Zurück zu Franz Grillparzer. Er zitiert einmal in seinen Tagebüchern, beschäftigt mit Metternich, die wunderbare Brief-Schriftstellerin Rahel Varnhagen: "Aber Diplomaten sind das Gräßlichste in der menschlichen Gesellschaft. Der *Stand*. Diplomaten werden hart durch Weichlichkeit; und dies geschieht dem Henker nicht einmal. Visiten werden Pflichten... *Keine* Meinung haben, und sie nur dadurch nicht äußern, wird Klugheit, Betragen genannt; und wird eine wahre Verhärtung der Seelenorgane." Der Diplomat, der allzeit liebedienerische, lüge "aus Pfiffigkeit" und werde schließlich "vor Lügen dumm", weil er "aus Lügenzwang" selbst daran glaube. - Und Grillparzer fügt mit eigenen Worten hinzu: "Der Diplomat in seiner vollständigen Ausbildung (ist) versatil aus Mangel an Grundsätzen und doch wieder beharrlich, aber nur aus Hochmut und Rechthaberei. Von Natur prinzipienlos, aber geschickt im Ergreifen der Umstände." - Und weiter, auf Metternich bezogen, einen, bei allen Einwänden, doch so unvergleichlich gedankenreicheren, geistvolleren Mann als unseren Kandidaten: *"Da es (ihm) von Natur an Haltung gebrach, so war dieses Caput mortuum eines Systems willkommen, um den auseinanderfahrenden Bestrebungen eine Art Mittelpunkt zu geben..."* - Und dann das Allgemeine, entwickelt aus solchem Besonderen: "Nichts wird in der Staatskunst und der Diplomatie so häufig verwechselt als die Verständigkeit und die Schlauheit. Sie unterscheiden sich darin, daß die Schlauheit nur das Gegenwärtige im Auge hat, indes die Verständigkeit das Gegenwärtige aus dem Vergangenen herleitet und die wahrscheinliche Zukunft nicht aus dem Aug verliert." - Und am Schluß, wie in einer Vorwegnahme des Diplomaten Kurt Waldheim als Staatsoberhaupt, Grillparzers Charakterisierung des damaligen Volks-Oberen, des Kaisers Franz I.: "Er schätzte Künste und Wissenschaften, insofern sie einen zählbaren Nutzen bringen oder den Geist ausmöblieren, ohne ihn zu kräftigen. Philosophie, Geschichte und Poesie in höherm Sinn waren ihm ein Greuel. Seine Religiosität war Gewohnheit... Wäre er selbst aus Staatsgründen über Nacht Türke geworden, so würde ihm an nächsten Morgen jeder für einen Aufrührer gegolten haben, der noch an Jesus Christus geglaubt hätte. Aus Mangel einer Vorstellung von der Würde der menschlichen Natur war er mißtrauisch gegen jedermann, und Angeberei war sein Schoßkind und seine Vorliebe..."

Mag demnach der Wahlwerber Kurt Waldheim ruhig zum Kanzleivorstand im Büro für Geistesverhütung, Ausredenarchivierung, Vergangenheitsablaß, Gegenwarts-Sendestörung und Zukunfts-Sendepause bestellt werden - in Franz Grillparzers Lager, nur in seinem, ist Österreich! Mag die Paradefigur der Gewissensarmut ruhig von dem großen Haufen aufs Schild gehoben werden - am Abend des 8. Juni wird sich der Klang der Kirchenglocken, welcher auch immer, eher blechern anhören, ohne Widerhall, ohne Gegenwart, ohne Zukunft; ohne hinauszuschwingen in irgendein Land. Dafür aber werden vielleicht hier und da, in Stadt und Land, die ersten Leuchtkäfer des Jahres auffliegen; stumm; doch jeder Lichtpunkt für sich eine Gegenstimme.

18. April bis 8. Juni 1986

Ich hatte einen Traum. Ein Mann, zeitlebens erfolgsverwöhnt, den es trieb, schließlich auch noch zum Vorsteher des Volkes gewählt zu werden, bewarb sich um dieses Amt auf allen Plätzen des Landes mit dem Argument, in den Händeln der Welt wohlbewandert zu sein. Auf den Einwand, ob nicht gerade das gegen ihn in solch einem Amt sprechen könne, und eine Aufzählung einiger der Händel, in die der Bewerber verwickelt gewesen war, antwortete dieser, wie er es gewohnt war, mit den Formeln und Floskeln, die bei ihm, seit wann schon?, das Fleisch und das Blut ersetzten und sich zu einer menschenwürdigen Antwort verhielten wie das Knarren eines dünnen Astes zu einem Schmerzens- oder Freudenlaut.

Eines Tages aber, mitten im Auswendiggelernten, stockte er vor den laufenden Kameras, fand den Faden nicht mehr und verstummte. Langes Schweigen. Vor aller Welt brach durch die Schminke der Schweiß. Der Kandidat riß in Panik die Augen auf, und zum ersten Mal erschienen da Farben. Zum ersten Mal auch, das wurde jedem Zuschauer klar, stand vor ihm ein Bild, wofür er einst, leibhaftig verwickelt, keinen Blick gehabt hatte. Wie sonst nur einem Opfer, dem sich das Himmelschreiende, mit allen Einzelheiten, für die Ewigkeit einprägt, wurde ihm gegenwärtig, was sich in der apokalyptischen Zeit, die sich ihm bis jetzt höchstens als "sehr ernste" dargestellt hatte, ereignet hatte und was, damals wie jetzt, sein eigener Teil daran war. Und wie ein Opfer wandte er sich nun ab und bat mit versagender Stimme, ihn nicht weiterzufilmen.

Aber dieser Gefallen konnte einem Bewerber um das höchste Staatsamt nicht erwiesen werden: Der einzige Beitrag jener Nachrichtensendung hatte von dem nun in Tränen ausbrechenden und minutenlang weinenden Herrn W. zu handeln - die einzige Nachricht des Tages, alle anderen verdrängend, war der bestimmte Weinende.

Dieser, nachdem er sich beruhigt hatte, atmete tief durch und hob zu sprechen an. Zur Wahrheit zu finden nach so vielen Jahren, das erlöste sichtlich nicht ihn allein, sondern griff auch als Appell auf die Zuschauer im Land. Aus der Horde der Verstockten dort, den Ausredenmeistern gleich ihm, den Verkehrern der Tatsachen, wurden Mitweinende, und diese erst, o Neuigkeit, durften "Volk" heißen.

Solche Reinigung aber konnte, und das war die Erkenntnis des Träumers, kein klagendes Opfer bewirken, einzig ein trauernder Täter oder Zeuge. - Unnötig danach eine förmliche Verzichtserklärung: Der Bewerber hatte ja aus sich selber erfahren, daß er der unwürdige Vorstand eines Unvolks geworden wäre.

Doch eine Art Würde, eine ganz besondere, wert, eingezeichnet zu werden in die historischen Gedenktafeln, kam ihm dennoch zu: Der erste verdächtige Zeit- und Grauenzeuge gewesen zu sein, der sich aufgeschwungen hatte zur Mit-Verantwortlichkeit und so seinem Land jene Wende ermöglicht zu haben, ohne die es vor der Vergangenheit kein Entkommen gibt. Ich hatte einen Traum...

NACHWORT

Dem Reiter lief das Pferd davon. Mehr noch: Es galoppiert immer wieder gegen ihn, auch wenn er ihm entlaufen will.

Kurt Waldheim sitzt dennoch weiter im Sattel Österreichs. Das hölzerne Pferd, das seine Kritiker um die Gruppe "Neues Österreich" nach Plänen von Alfred Hrdlicka erstmals am 8. Juli zur Amtseinführung des neuen Bundespräsidenten am Wiener Stephansplatz auftreten ließen, erinnert Kurt Waldheim und ganz Österreich immer wieder an Gedächtnislücken: Bei nun bereits zwei Auftritten zur Eröffnung der Salzburger Festspiele, bei ähnlichen Anlässen in Bregenz, in Linz und anderswo. Selbst ins Ausland, nach Rom vor den Vatikan, begleitete das SA-Pferd seinen Präsidenten, der es wohl geritten hat, aber nirgends dabei war.

Das ist eine Folge der Waldheim-Wahl: Auch mehr als ein Jahr nach dem 8. Juni 1986 ist die Front der Gegner nicht still und ruhig geworden, im Gegenteil: Kurt Waldheim ist zum Symbol einer Geisteshaltung geworden, seine Kritiker zu Kritikern eben dieser Geisteshaltung. Bei zwei öffentlichen Symposien - eines zwischen 5. und 9. November 1986 im Wiener Messepalast vor mehr als zweitausend Besuchern, eines im geschichtsträchtigen Palais Auersperg am 4. Juli 1987 - wurde den Problemen der österreichischen Identität nachgegangen, zu der auf der negativen Seite die Entwicklung vom verschämten zum unverschämten Antisemitismus ebenso zählt wie das Verdrängen und Vergessen als Grundkonsens der Zweiten Republik.

Auf der - vielfach ausgeblendeten - anderen Seite steht die Tradition des Widerstandes, des historisch gemordeten oder ins Exil vertriebenen, an die eine Bewegung anschließt, die auch einen gewählten Präsidenten nicht unter den ademokratischen Glassturz einer hohlen Autorität stellen kann und die Demolierung internationaler Reputation nicht mit hohlen "Imagekampagnen" bekämpft, sondern mit jener selbstkritischen Reflexion, die notwendig ist, damit sich das Konstruktive kristallisieren kann.

Kurt Waldheim und seine Hintermänner, die Wahl mit ihren unsäglichen Reaktionen und Gegenreaktionen, die "Kämpein" und der antisemitisch dynamisierte "neue Patriotismus", haben aber nicht nur eine republikanische und intellektuelle Gegenbewegung ausgelöst. Sie haben auch innerhalb von Parlament und Parteien kräftig umgerührt. Die Wahl des Präsidenten hat einen Kanzlerwechsel mit sich gebracht, hat indirekt die Kleine Koalition zerbrechen und die Große wiederauferstehen lassen, hat wohl auch mit dazu beigetragen, daß erstmals seit Jahrzehnten eine vierte Kraft, die Grünen, ins Parlament gekommen ist. Und war und ist so stark, daß derzeit eine echte "Kämpein" die Ankläger zu Angeklagten machen will und die Beklagten zu Klägern. Während sich die Welt fragt, bei wem der Außenminister dieses Landes zugunsten einer Präsidenten-Einladung nach Jordaniens Hussein und Vatikans Wojtyla noch erfolgreich intervenieren kann (von Einladungen nach Libyen, Guatemala und Uganda einmal abgesehen) und wie dieses Land der Peinlichkeit zahlreicher Waldheim-Auftritte im "Jubiläumsjahr" (FP-Chef Haider) 1988 entgehen kann, diskutiert man im Sommer 1987 in Österreich Anderes: Wer, wann, wo, wem Unterlagen über oder gegen Waldheim übergeben hat. (Ein nicht so erstaunlicher Umstand bei einem Persönlichkeitswahlkampf, der auch die beiden anderen Kandidaten betraf.) Nicht, warum der Kandidat so hartnäckig seine Kriegsjahre verschwiegen hat und wie er sich danach verhalten hat - mit Leugnen und Berufen auf "Pflichterfüllung", für wen eigentlich - erregt halb Österreich, sondern wie diese Unklarheiten ans Licht der Weltöffentlichkeit gedrungen sind. Eine groteske Umkehrung von Ursache und Wirkung.

Viel Lurch unter dem österreichischen Teppich ist hochgekommen, viel Provinzielles und Dumpfes. Der Brief des famosen Linzer Vizebürgermeisters Carl Hödl, der Edgar Bronfman zu einem heutigen Waldheim-Kreuziger macht, die Ausfälle des ÖVP-Generalsekretärs Graff, der dem Theatermann George Tabori wegen seiner szenischen Inszenierung von Schmitts "Buch mit den sieben Siegeln" eine "Bedürfnisanstalt" als Aufführungsort empfiehlt statt der Salzburger Kollegienkirche, die vollendete Peinlichkeit österreichischer Außenpolitik unter Alois Mock, der seinen Parlamentsklub auf Studienreise nach Südafrika schickt, all das sind Signale für die reaktionäre Regression einer etablierten, konservativen Mentalität im Sog des Waldheim-Amtseinrittes. Das sind keine neuen Gedanken und Töne. Neu ist, daß man sie laut denkt.

Der Spalt durch das Land geht tief nach einem Jahr Waldheim. Und keine honorige Expertenkommission wird ihn vor 1988 kleiner machen können. Auf der einen Seite die Koalition des "Jetzt muß

Schluß sein", der Normalisierung, geladen mit aggressivem Frust aus der dumpfen Einsicht, daß das gar nicht geht; dabei auch die strammen Recken des Kameradschaftsbundes, die sich zur Ehrung der Soldatengeneration gleich ihrem Vorreiter auf die amerikanische Watch-List setzen lassen wollen, die ausschließlich parteitaktisch motivierten Waldheim-Kritiker, die nun zur großkoalitionären Tagesordnung übergehen wollen, die Meinungsforscher und ihre über öffentliches Vermögen verfügenden Auftraggeber, die den Österreichern bescheinigen, nur zu sieben Prozent ganze Antisemiten zu sein und nur zu achtzehn Prozent halbherzige, denen "bloß" vorm Handschlag mit Juden graust. Dagegen aber Einsicht und Einspruch so gut wie aller wesentlichen Künstler und Intellektuellen dieses Landes, eines wachen und wachsenden Teiles der Sozialdemokratie, der auf dem Parteitag der Wiener Partei eine Mehrheit für einen Rücktrittsappell erreichen konnte, und eines auch für politische Umweltverschmutzung sensiblen Teils der Grünen sowie jener Spurenelemente von aktivem Liberalismus, die dieses Österreich gerade noch verträgt.

Die Zeit spricht für die zweite Koalition: Selbst dem an der Großen Koalition fast um jeden Preis festhaltenden Teil der SPÖ muß übel werden angesichts der Hödlisierung des Partners und des auch ökonomisch schmerzenden internationalen Echos darauf, das etwa dem Bundeskanzler bei jedem Auslandsbesuch ans Ohr dringt. Selbst wenn die Belebung eines angeblich neuen und österreichischen Patriotismus durch jene Erben Dollfuß und Schuschniggs, die schon einmal das Land ausgeliefert statt verteidigt haben, kurzfristig gelingen mag - auf lange Sicht muß sich das Bündnis derer durchsetzen, die im Ausland als Vertreter des anderen, des neuen Österreich gelten: Jene, die zwischen 8. Juni und 8. Juli 1987 als Mahnwache für den österreichischen Widerstand vor dem Wiener Stephansdom standen. Jene, die in ganz Österreich riesige Plakate zum Rücktritt von Carl Hödl verbreitet haben, die auf die Tabori-Zensuraffäre bei den Salzburger Festspielen reagiert haben. Jene, die auch in Zukunft dafür sorgen werden, daß das Holzpferd Kurt Waldheim nicht verläßt, solange er im Sattel der Republik sitzt.

Peter Pelinka
Silvio Lehmann

für den Republikanischen Club
Neues Österreich

Verzeichnis aller lieferbaren Titel

01 Peter Feldbauer, Kinderelend in Wien. Von der Armenpflege zur Jugendfürsorge. 17.-19 Jhdt.
02 Arno Pilgram, Kriminalität in Österreich. Studien zur Soziologie der Kriminalitätsentwicklung.
03 Leopold Redl/Hans Wösendorfer, Die Donauinsel. Ein Beispiel politischer Planung in Wien.
04 Julius Mende/Franz Ofner, Automation und Ausbildung. Folgen der Mikroelektronik in Arbeitswelt und Schule.
05 Emmerich Talos, Staatliche Sozialpolitik in Österreich. Rekonstruktion und Analyse.
06 Gottfried Pirhofer/Michael Tripes, Am Schöpfwerk neu bewohnt. Ungewohntes vom Wiener Gemeindebau.
07 Hansjörg Gutweniger/Eva Köckeis/Evi Laimer u.a., Wege und Umwege. Studienbiographien aus Österreich.
09 Dietmar Dotter/Willibald Holzer/Jakob Huber u.a., Kein einig Volk von Brüdern. Zur Mehrheiten-/Minderheitenproblematik am Beispiel Kärntens.
12 Helmut Konrad (Hg.), Der alte Mensch in der Geschichte.
13 Josef Lins, Mitbestimmung im Wohnbau. Von Technokratenherrschaft zu konkreter Demokratie.
14 Roland Deiser/Norbert Winkler, Das politische Handeln der Österreicher.
15 Kulturjahrbuch 1 - mit Beiträgen zu Museen und Großaustellungen, zur Alltagskultur etc.
17 Michael John, Hausherrenmacht und Mieterelend. Wohnverhältnisse und Wohnerfahrungen in Wien 1890-1923.
18 Susanne Dermutz, Der österreichische Weg. Schulreform und Bildungspolitik in der Zweiten Republik.
20 Josef Baum, Tagwache. Erfahrungen eines Präsenzdieners beim österreichischen Bundesheer.
24 Willy Verkauf-Verlon, Situationen. Eine autobiographische Wortcollage.
25 Dieter Braunstein/Kunibert Raffer (Hg.), Technologie, Bildung und Abhängigkeit. Die kulturelle Dependenz der Entwicklungsländer.
26 Emmerich Talos/Georg Vobruba (Hg.), Perspektiven der Arbeitszeitpolitik.
29 Kulturjahrbuch 2 - mit Beiträgen zur Jugend- und Alternativkultur, Museums- und Ausstellungspolitik und zur Kulturwissenschaft, Aufklärung und Emanzipation.
30 Emmerich Talos/Wolfgang Neugebauer, "Austrofaschismus". Beiträge über Politik, Ökonomie und Kultur 1934-1938.
31 Walter Sauer/Theresia Zeschin (Hg.), Die Apartheid-Connection. Österreichs Bedeutung für Südafrika.
32 Franz Pichler, Polizeihofrat P. Ein treuer Diener seines ungetreuen Staates. Wiener Polizeidienst 1901-1938.
33 Albert Lichtblau, Wiener Wohnungspolitik 1892-1919.
34 Karl Czasny/Richard Kende, Lehrjahre bei Bau-Holz. Erfahrungen in einer Gewerkschaftszentrale.
35 Mali Fritz/Hermine Jursa, Es lebe das Leben! Tage nach Ravensbrück.
36 Karin Berger, Zwischen Eintopf und Fließband. Frauenarbeit und Frauenbild im Faschismus. Österreich 1938-1945.
37 Arbeitsgemeinschaft Volksgruppenfrage (Hg.), Zwischen Selbstfindung und Identitätsverlust. Ethnische Minderheiten in Europa.
38 Hubert Chr. Ehalt/Ursula Knittler-Lux/Helmut Konrad (Hg.), Geschichtswerkstatt, Stadtteilarbeit, Aktionsforschung. Perspektiven emanzipatorischer Bildungs- und Kulturarbeit.
39 Kulturjahrbuch 3: Ästhetik und Geschmack.
41 Erna Appelt, Von Ladenmädchen, Schreibfräulein und Gouvernanten. Die weiblichen Angestellten Wiens zwischen 1900 und 1934.